智元微库
OPEN MIND

成长也是一种美好

U0126093

自驱型孩子

21天唤醒孩子的
自主学习力

赵欣———— 著

人民邮电出版社

北京

图书在版编目（ＣＩＰ）数据

自驱型孩子：21天唤醒孩子的自主学习力 / 赵欣著
. -- 北京：人民邮电出版社，2023.5（2023.12重印）
ISBN 978-7-115-61226-7

Ⅰ．①自… Ⅱ．①赵… Ⅲ．①学习方法－家庭教育
Ⅳ．①G791②G78

中国国家版本馆CIP数据核字(2023)第034037号

◆ 著 赵 欣
责任编辑 陈素然
责任印制 周昇亮

◆ 人民邮电出版社出版发行   北京市丰台区成寿寺路 11 号
邮编 100164   电子邮件 315@ptpress.com.cn
网址 https://www.ptpress.com.cn
天津翔远印刷有限公司印刷

◆ 开本：700×1000   1/16
印张：12.5   2023 年 5 月第 1 版
字数：160 千字   2023 年 12 月天津第 6 次印刷

定 价：59.80 元

读者服务热线：（010）67630125   印装质量热线：（010）81055316
反盗版热线：（010）81055315

广告经营许可证：京东市监广登字 20170147 号

21 天，让孩子爱上自主学习

陪伴孩子学习，父母所面临的困境

对于孩子的学习，父母总是有说不完的困惑。

我已经教过那么多遍了，孩子怎么还是听不懂！

我已经催过很多次了，孩子还是拖着不去写作业！

孩子五年级了，还是每天打游戏，一点学习主动性都没有！

……

不知道从什么时候开始，孩子的学习似乎成了父母的责任，孩子反而像是为家长学习的。**父母越早厘清自己在孩子学习这件事上的角色定位，就可以越早地把学习的责任交还给孩子。**否则，随着孩子年龄的增长，对于学习这个话题会变得越来越难以沟通。

家长的角色，一方面是和老师相互配合，支持孩子完成学校的教学任务；另一方面是当孩子在学习过程中遇到难以克服的困难和挑战时给孩子必要的支持，培养孩子的各项能力。

父母都是爱孩子的，总想为孩子做点什么，只是有些父母总是做不到点子上。

于是父母越来越感到无能为力，对孩子越来越失望。孩子从父母的眼睛里看到的也是父母对自己的失望，从而会觉得自己笨。在这个过程中，孩子会不知不觉地失去对学习的控制感，无法形成学习自驱力。

于是父母在孩子学习这件事情上总是没办法放手，进入恶性循环。

《自驱型成长》一书中提到，如果没有健康的控制感，孩子就会感到无能为力和不知所措，容易变得过于被动与顺从。孩子一旦失去做出有意义的选择的能力，就可能变得焦虑、爱发脾气，甚至自暴自弃。在这种情况下，如果没有父母提供的资源和帮助，孩子完成自我发展的过程会很艰难。

很多父母期待孩子到了高年级就可以为自己的学习负责，却从来没有教过孩子怎样为自己的学习负责，于是一边抓着孩子的学习不放，一边抱怨孩子总是不肯主动学习。

参加我的家长课的父母，有很多就是因为孩子在学习中遇到了各种挑战。

有的是孩子上幼儿园，刚接触拼音时就陷入了强烈的无力感；有的是孩子读一年级，迟迟进入不了学习状态，跟不上班级的学习进度；有的是孩子到了三年级，学习难度增加，出现严重偏科，成绩明显下降；还有的是孩子到了四五年级，在学习方面仍然需要父母催促、提醒，导致父母和孩子因为作业问题冲突不断。

无论学什么，适合孩子的难度和节奏很重要，超前学习的危害非常大，不但会破坏孩子的学习主动性，还会让孩子产生强烈的挫败感和畏难情绪，所以，**孩子的学习，宁可慢一点儿，也不要快一点儿。**

　　有的父母平时和孩子沟通时只谈学习内容，忽略了孩子的天生气质和情绪状态等对学习的影响。一味批评指责，不但对孩子的学习没有任何帮助，反而会让孩子讨厌学习，失去原有的动力和自信心。

　　父母对孩子的学习辅助得越多，越是剥夺了孩子为自己负责的机会，反而会限制孩子的发展。好的陪伴就是逐渐退出和放手的过程，父母过度代劳只会让孩子越来越有依赖性。

　　通过在我的家长课上学习，这些父母对自己的角色定位更加清晰，开始直面自己的无力感，不再纠结于孩子当下的成绩和暂时的表现，而是有了方向和方法，开始**更加放松地看待孩子的学习**，进入了一种"**放松下的高期待**"的养育状态。

　　"放松"的父母能够做到正视自己的焦虑，更加放松地看待孩子成长过程中的挑战和错误，并以幽默和游戏的方式呈现对孩子的期待和要求。通过学习和持续地刻意练习，每位父母都可以习得这种放松的能力。

　　写本书时正值暑假，一位妈妈告诉我，她只是问了女儿几个问题，女儿就把自己的暑假安排得清清楚楚，把暑假的出行计划也充分地考虑进去了。即使是旅途中，女儿也坚持每天睡前把当天的学习计划完成。这给了我很大的鼓舞，让我更加坚信：父母只要用对了方法，持续一段时间，培养自驱型孩子真的不是梦。

孩子的学习是怎样发生的

　　孩子与父母之间良好的安全依恋关系，是孩子健康发展的关键与核心。

感受到父母的爱和自己与父母的联结，会让孩子觉得安全，更愿意主动探索和学习。

在孩子小的时候，只需要游戏或拥抱就可以建立起亲子间的联结；但随着孩子年龄的增长，父母对孩子的要求和期待越来越高，似乎除了"学习"很少有其他话题，和孩子渐行渐远，亲子间的联结也变得脆弱甚至断裂了。

其实，如果亲子关系好，孩子信任父母，愿意听从父母的建议，即使学习成绩暂时落后，只要方向对了，提高学习成绩是相对容易的；但如果亲子关系基础不好，孩子到了青春期，父母会面临非常大的挑战，和孩子沟通越来越困难，想提高孩子的学习成绩更是难上加难。

本书带你升级认知，厘清误区，学习方法，**让你和孩子找到各自的正确角色定位，让你更加轻松地面对孩子的学习。**

我们先来看一下孩子的学习是怎样发生的吧。

心理学家维果斯基提出了"最近发展区"的概念，指的是儿童自己能够达到的成就与在一个他所信任的、拥有更多知识的他人帮助下所能达到的成就之间的距离。

基于此，戴维·伍德和他的同事提出了"脚手架"概念，特指促进学习所需要的支持行为，用于描述在"最近发展区"成人对儿童提供的帮助和指导。对此，伍德提出了两条原则：

第一，当孩子明显遇到了困难时，成人应立即提供帮助；

第二，孩子干得很好时，成人应该减少帮助，逐渐降低对这一过程的干涉。

也就是说，成人是否需要为孩子提供支持和帮助取决于孩子的状况。

给孩子足够的自由发挥空间，并在适当的时候给予指点，对孩子发展过程的控制随着孩子能力的提升而减少，直到孩子有能力独立完成任务。

在学习上也一样，父母在作为"脚手架"为孩子提供帮助的过程中，关键在于是否根据孩子的水平调整指导方式。父母需要秉承的基本原则就是：当孩子需要帮助时及时提供帮助；而当孩子不需要帮助时及时后退，把空间留给孩子。

问题的关键是，什么时候需要帮助孩子，什么时候不需要，以及如何帮助孩子？每个孩子、每个父母、每个家庭都不一样，父母需要好好学习并持续地实践才能搞清楚。把学到的东西用于实践，找到真正适合自己的解决方案才是最重要的。

儿子出生 8 年来，我参加了各种父母工作坊和课程，并组织了上百场工作坊、沙龙、读书会和成长小组，陪伴和支持了成千上万的父母。本书将游戏力养育①、学习力教练、因材施教三个理念和相应的具体实践相结合，总结了影响孩子学习自驱力的重要因素，从以下三个部分入手帮助父母了解孩子、觉察自己、用对方法，一步一步学会放手，培养自驱型孩子。

第一部分 如何让孩子爱上自主学习：知己知彼，百"战"不殆

帮助父母厘清自己在陪孩子学习过程中的角色定位，了解自己的焦虑来源，了解孩子的学习风格和学习模式，在互相了解的基础上，建立良好的亲子关系，更好地和孩子沟通与合作，帮助孩子爱上自主学习。

第二部分 如何让孩子学会高效学习：厘清陪伴误区，重视孩子的感受

父母在陪伴孩子学习方面其实有很多认知误区，这些认知误区导致了

---

① 即《游戏力》一书中所指的"基于游戏的亲子沟通方式"。

无效陪伴。走出这些误区，是让孩子学会高效学习的前提。

第三部分 如何培养孩子的学习习惯：激活自驱力，进入正向循环

父母需要教给孩子一些高效的学习方法，这个过程中，父母从一开始陪着孩子做，到后来放手让孩子自己独立做，正是训练孩子各项能力、培养孩子各种好习惯的过程。一旦孩子学会为自己负责，形成正向循环，父母就可以放手了。

怎样使用本书

经常有父母找我咨询孩子学习方面的问题，久而久之，我发现这些父母遇到的挑战大多是有共性的，我把父母在孩子学习上遇到的挑战大致分为以下四类（见图 0-1）：

图 0-1 父母在孩子学习上遇到的四类挑战

第一类是亲子关系的挑战，包括父母对孩子不够了解，想当然地看待孩子出现的问题，彼此沟通不顺畅，父母或孩子被情绪问题困住等；

第二类是认知升级的挑战，父母对孩子学习这件事情的认知存在很多误区，急需升级自己的认知；

第三类是陪伴方法的挑战，父母习惯性采用传统的或自以为正确的方法陪伴孩子学习，可能效率低下甚至会带来负面影响，久而久之给孩子带来挫败感；

第四类是耐心坚持的挑战，有些父母急于求成，缺乏耐心，总希望建立规则或养成习惯能立竿见影、第二天就生效，忽略了不管是学习还是习惯的养成，都是日积月累、水滴石穿的过程。

我把这四类挑战融入本书，总结成了父母最关心的 21 个常见问题，从问题入手，帮助父母了解问题背后的根源，并给出简单实用的学习小工具（"自驱小马达"），方便父母在生活中去实践。

在阅读本书时，父母可以有意识地去觉察，自己当前的挑战主要聚焦于哪一类或哪几类，有针对性地使用对应的学习小工具进行练习和调整。

也可以把本书当成工具书来使用，从自己最急需解决的问题入手，去阅读相关的章节，结合自家的实际情况，从某一个点入手开始行动起来，持续练习，取得积极的效果后再去读其他章节，这样会让你更有信心。

对父母来说，把背后的理论内化成自己的认知之后，最重要的是找到适合自家情况的简单可行的实践方法，把简单的事情精确地重复，相信时间的力量，相信坚持的力量。

目录
CONTENTS

第一部分
如何让孩子爱上自主学习

知己知彼，百"战"不殆

如何让孩子从"要我学"变成"我要学"甚至"我爱学"？如何看到孩子的学习特质和思考模式，觉察自身的感受和需求，并引导孩子对学习产生愉悦的感受？这些是妈妈需要深思的问题。

第二部分
如何让孩子学会高效学习

厘清陪伴误区，重视孩子的感受

为了孩子的学习，父母会忍不住做很多事。比如送孩子上培训班，帮孩子制订学习计划，陪孩子写作业时不时地纠正孩子的错误，耳提面命地督促孩子，其实这样做很可能并不能帮助孩子。没有觉察、不能知己知彼的父母，反而可能破坏孩子的学习感受。

第三部分
如何培养孩子的学习习惯

激活自驱力，进入正向循环

如果你去问一个优秀学生的父母，孩子学习好的秘诀是什么，他们一定会告诉你"要培养孩子良好的学习习惯"。有了好的学习习惯，孩子就会进入正向循环。培养自驱型孩子，最重要的就是培养孩子良好的学习习惯。

第一部分

如何让孩子爱上自主学习

知己知彼，百"战"不殆

如何让孩子从"要我学"变成"我要学"甚至"我爱学"？如何看到孩子的学习特质和思考模式，觉察自身的感受和需求，并引导孩子对学习产生愉悦的感受？这些是妈妈需要深思的问题。

好妈妈首先是个好翻译，做孩子学习的脚手架

▶ 对孩子有合理期待，让孩子在学习区努力

孩子学习遇到困难，父母可以从以下方面入手为孩子提供支持。

了解孩子当前的学习难度对他来说是不是太高了，如果学习难度偏高，孩子学习起来有困难，就很容易陷入习得性无助，对学习产生挫败感，结果还没开始学习就已经对自己失去了信心。

注意，难不难，不该是父母说了算，而要由孩子说了算。

我们可以借助语言学习中的"可理解性输入"理论帮助孩子确定合适的学习难度。可理解性输入的原则是 i+1，"i"就是孩子现有的知识水平，"+1"就是在现有基础上只增加一丁点儿新知识。这样，孩子学习时绝大多数内容是他熟悉的，学习起来不费力；少量的新内容又能满足孩子的好奇心和求知欲。学习内容难度适中，孩子学习起来轻松愉快，就可以形成正向循环，循序渐进地提高学习成绩和学习能力。慢慢来，才会更快。

小元的英语听说能力很好，但在记单词方面困难重重，总是记不住。慢慢地，小元对记单词越来越没信心。

小元妈妈尝试了很多方法，耐心地给小元讲解，可是讲了很多遍，小元还是记不住。小元妈妈很苦恼，自己的孩子怎么就是不开窍呢？

后来，小元妈妈意识到，自己没有站在孩子的角度去理解孩子的学习

难度，总是按照自己的标准要求孩子，不但没有提供支持，反而给孩子增加了额外的压力。

于是她调整了策略，不再纠结于孩子是否能完成作业，而是根据孩子的实际能力，让孩子每天只记4个单词，做成单词卡片，晚上重复几遍，早上再快速地回顾一遍。这个单词学习量对孩子来说刚刚好，当天的任务很容易完成。这样每天积少成多，慢慢地，孩子可以在课堂上回答老师的问题了，变得自信了，学单词的感受变好了，这个困扰她很久的问题终于得到了解决。

这又让我想起我的家长课上一位英语老师分享的故事。

这位英语老师教过一个小学五年级的孩子，那个孩子的英语成绩一直不及格，父母把她送到各种课外辅导班，都被退了回来。孩子也上了各种网课，不但没什么用，反而越学越无力。

这位老师试着帮助孩子找到问题症结所在，发现孩子的英语基础非常薄弱，只有一二年级的英语水平，对课本上的知识完全听不懂。于是这位老师试着给孩子降低学习难度，从基础的ABC开始教起。那一节课下来，孩子终于露出了笑容，对英语学习找回了一点儿自信。

只要有了信心，以五年级孩子的心智学习低年级的课程并不费力，孩子用几个月的时间就跟上了正常的学习进度。

很多父母只是盲目地把孩子送到各种辅导班学习所在年级的课程，却忽略了对孩子来说选择那些难度真正适合她的学习内容才是重要的。学习内容难度合适，孩子听得懂、学得会，自然也就更有信心了。

很多家长反映孩子不爱学习，却从来没有站在孩子的角度去找原因。美国密歇根商学院教授诺尔·M.迪奇（Noel M. Tichy）把知识和技能的学

习分成了类似同心圆的三个圆形区域，分别代表着舒适区、学习区和恐慌

区（见图 1-1）。

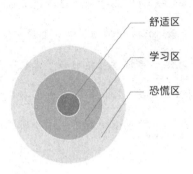

图 1-1　迪奇教授的学习三区理论

很显然，上述两个例子中孩子之前学习时都处在恐慌区，对英语学习产生了畏难情绪。后来在父母和老师的支持下，孩子退回了舒适区边缘，感受到了学习的成就感，很快就取得了进步。

我曾在我的家长课上问那些作为父母的学员一个问题："你们觉得自家孩子的学习状态处于哪个区？"

父母们毫不犹豫地回答"我家孩子一直待在舒适区"。这是一个值得探讨的话题，为什么孩子会待在舒适区不愿意出来呢？是孩子天生不爱学习吗？

很多父母信奉"不让孩子输在起跑线上"，于是孩子的学习越来越超前，小学初中化，幼儿园小学化，这种内卷现象给了父母太多的压力，这些压力往往又转化成了父母对孩子的高期待和高要求。

而如果孩子一直无法满足父母的期待，就会长久地处于压力状态下，慢慢失去对自己学习的控制权和自驱力，进而长久地缩在舒适区，变成父

母不希望看到的样子。这时候，父母越要求，孩子反而越退缩。这就如同心理学上的"踢猫效应"，父母将焦虑情绪和压力传递到孩子身上，让孩子成了受害者。

孩子只有感到内在和外在都安全时，才会主动学习。这种安全感来自父母的支持和陪伴，父母要像一个缓冲器一样，帮助孩子承接住来自外部环境的压力，为孩子提供一个成长的空间，而不是成为孩子的压力来源。

我们在后文中还会谈到，父母除了帮助孩子去厘清合适的学习难度，为孩子提供一个可以自由生长的空间，还需要了解孩子的性格特质，为孩子提供他们所需要的支持，而不是单纯地想改变孩子。

▶ 做孩子的脚手架，而不是贴负向标签

父母和老师经常会说，好的学习方法就是做到查漏补缺，但很多孩子并不清楚什么叫作查漏补缺，到底怎样做才是查漏补缺。

有些孩子比较善于学习，不太需要父母帮助。但大多数孩子需要父母给予一些具体的支持和帮助，对于这些孩子，父母只是在旁边给孩子鼓励和加油，或者持续指出孩子的不足，都是不够的。

有的孩子并不是不想做，而是真的不会做。父母需要花些时间指导孩子怎样查漏补缺。孩子一旦找对了方法，有了进步和成就感，就会建立起自信心。对学习的感受好了，就会更喜欢学习，从而形成正向循环。

有一位妈妈，她的孩子数学成绩总是在 85 分左右徘徊，孩子看起来什么都会，但每次考试都出现各种错误。于是妈妈就带着孩子一起，把过去

的试卷中出现的所有错题都做了整理，从错题里找线索。

她发现，孩子的问题在于基础运算不熟练。一旦找到问题的原因，再去对症下药就会更有效果。接下来，她每天让孩子做 10 道基础运算题，一段时间之后，孩子的数学成绩有了很大提升。

我上高中时，班主任每次找我谈话都会反复强调，理科是我的弱项，要重点抓自己的弱项。这句话让我牢记在心，甚至我在成为妈妈之后很长一段时间，都觉得儿子肯定遗传我，数学一定学不好。

现在回想起来，我深刻地记住了"理科是我的弱项"这个标签，这个标签对我的学习来说，不但没有正向的激励，反而强化了我负向的心理暗示。

心理学上有个现象叫作"自证预言"，指的是人会不自觉地按照已知的预言来行事，最终令预言发生。语言的力量是强大的，会重塑我们的大脑，当标签式的语言反复出现，我们就会坚信这是事实，并且会无意识地搜集证据，最终让它变成事实。所以，父母不要给孩子的行为贴标签，而要看见孩子当前遇到的具体困难，给孩子提供必要的支持。

我的家长课学员小宽妈妈在这一点上做得特别好。

一年级的小宽在看图写话上遇到了困难，小宽妈妈找来一些图片，让小宽看着图片讲故事，自己则在旁边用电脑把小宽的描述写下来，并打印出来装订成册，做成一本"小宽的作文集"。妈妈还把作文集发到朋友圈，收到很多点赞和留言，她又把这些留言反馈给小宽，小宽受到了鼓舞，对看图写话这件事慢慢地建立起了信心。

小宽妈妈发现，对于看图写话，小宽的障碍其实不是表达能力的问题，而是书写能力的限制，于是妈妈先帮孩子写下来，相当于给孩子搭了一个脚手架，让孩子看到自己看图说话的成果，增强了孩子的自信心。

▶ 做个好翻译，搭建"皮格马利翁"桥梁

父母在和老师沟通时，也会遇到各种挑战。从某种意义上讲，老师代表着权威，父母在和老师沟通时，难免会带着压力，甚至是自己童年的感受。我们会在"第2天"中详细谈这部分内容。

父母在和老师沟通后，可以为孩子做些什么呢？给大家分享我家发生的真实的故事。

我儿子没有上过幼小衔接班，一年级之前也没有学过写字，可以说在写字这件事上，他是零基础入学。一年级第一次默写，全班42个孩子，只有4个孩子书写错误，我儿子是其中一个。

老师找到我时，我一方面有些压力，另一方面也很清楚应该怎么和孩子沟通这件事情。于是我向老师表达了感谢，很客观地说明了孩子的学前教育情况："孩子确实一年级才开始写字，也希望老师可以多多鼓励孩子。"

老师和家长沟通孩子的情况，也是希望孩子好，如果家长把老师的沟通理解为指责，因此产生了焦虑，并转而批评指责孩子，就会把自己的焦虑无意识地传递给孩子，还会无形中增加孩子对老师的畏惧。

儿子放学回到家，我没有在第一时间和他沟通老师告诉我的情况，而是像往常一样和他聊天。他自己主动说："妈妈，我们今天默写了，我没有全写对。"

我注意到，他在说这件事时并没有紧张感，这是难能可贵的。**孩子如**

何看待错误，比错误本身更重要。如果孩子对错误有恐惧，并不利于错误的修正。

于是我回应他："哦，是吗？是哪个字没写对啊？"他说："是耳朵的耳，里面的两条短横不应该靠到右侧的竖。"

儿子说到这里，我其实已经心中有数了。对于如何修正错误，他非常清楚，这说明老师在学校里讲的内容，他已经完全接收到了。

接下来，我把老师和我沟通的事，"翻译"给了儿子听。

我说："儿子，今天你的老师和妈妈谈了你的学习情况，她非常重视你的写字，还把你在学校的默写拍照发给了妈妈。我注意到，你在学校写的字非常工整，比在家里的练习写得还要好呢，这说明你真的很用心。老师说你的字写得越来越有进步了，只要坚持练习，肯定会越写越好的。"

关于写错的字，我没有提及，因为通过前面的聊天，我已经清楚了他自己是知道的。儿子听了我的话，眼神里是有光的。后来，儿子对写字不再排斥，虽然他写的字并不很漂亮，但明显地越写越好了。

父母把老师的反馈"翻译"成正向的语言转告孩子，能够帮助孩子培养对老师和学习的正向感受。**孩子感觉好，才能学习好。**有很多孩子因为不喜欢某个老师而讨厌一门课，也有很多孩子因为喜欢一个老师而爱上一门课，家长做好"翻译官"，在老师和孩子之间搭建一座桥梁，对孩子的整个学生时代而言，都是一件非常有价值的事。

1963 年，美国旧金山一所小学的校长莉诺·雅各布和心理学家罗森塔尔前往一所名为橡树学校的公立小学选取了 350 名学生进行了一项实验。他们对这 350 名学生进行了一项"智商测试"，并随机选取了其中的 1/5，告诉学校的每一位老师，"测试结果"显示这些学生是"最有学习潜力的学生"。

　　1年后，他们给这些学生做了同样的"智商测试"，发现所谓"最有学习潜力的学生"的表现远优于同龄人。他们认为，这样的效果或许是因为老师下意识地对这些学生抱有更高的期待，给了他们更多的关注和鼓励，而这些学生因为老师的这种态度大受鼓舞，更加努力学习以符合老师的期待，形成了正向循环。

　　这就是著名的皮格马利翁效应，也叫作罗森塔尔效应。父母把老师关于孩子的各种反馈正向地"翻译"给孩子，就是在老师和孩子之间搭建了一座"皮格马利翁"桥梁，孩子因为收到老师的"正向反馈"而对学习有更高的热情，而老师发现孩子的变化和进步后会再次给予反馈，从而激起孩子更大的学习热情，于是形成积极的正向循环。

　　你可能会说，自己在面对老师时很难做到平静，尤其是当孩子成绩不好时，怎么去"翻译"老师的话呢？这其实和我们自己小时候的成长经历有很大关系，接下来我们会详细谈这部分内容。

▶ 自驱小马达："翻译"公式

　　"翻译"公式：

　　老师今天和我谈了你的学习情况，他非常重视你的_____（老师真正关心的方面）；

　　他说，你最近一段时间_____（与"问题"相关的闪光点，如进步很大）；

　　如果你 _____（期待孩子做出的好行为），

　　你一定可以 _____（好的结果）。

　　举例：老师找到家长，说孩子最近学习态度不端正，上课总是和同学交头接耳，希望家长和孩子好好沟通一下。

　　"翻译"：老师今天和我谈了你的学习情况，他非常重视你的学习；他说，你最近一段时间数学计算正确率很高；如果你能认真听讲，一定可以取得更好的成绩。

了解自己对学习的感受，才能更好地支持孩子

▶ 觉察潜意识的控制，调整情绪化反应

儿子刚上一年级时，从第一次开完家长会开始，我就变得很紧张。

我一遍一遍检查学校要求准备的文具清单，生怕漏掉什么；每天临近儿子放学时，我就什么事情都做不下去，一遍遍地看表，生怕错过接儿子的时间；儿子一回到家，我就旁敲侧击地问他有什么作业，反复催促他赶紧去写作业；一看到儿子闲下来，我就开始焦虑，总想让他去做点什么；我每天很早就起床给儿子做早餐，生怕他吃不好，影响上课状态。

这样的状态持续了一个多月，感觉上学的不是儿子，而是我，我比儿子还要紧张。

我很快就觉察到，自己在被"潜意识"控制，总是做出下意识的情绪化反应。而孩子的学习是我的情绪触发点之一。

情绪触发点会让人在当下突然产生强烈的、自动化的反应。这种反应是基于过去的经验，而非当下的情景。这种反应可能是身体感受、情绪、念头、脑海中浮现的情景或回忆。

原来，是儿子上小学的一系列情境激活了我自己小时候的体验。

我总是忍不住催促孩子去写作业，可能的原因是，我自己小时候写不完作业被老师批评的感受被激活了，我再一次体验到了那种被批评的紧张感。

　　当我的紧张感不能被很好地处理和化解时，我就会下意识地做出反应，比如忍不住催促孩子写作业。

　　在陪伴儿子成长的过程中，我曾很多次觉察到我的情绪触发点。比如儿子刺耳地大哭时，我脑海中浮现的都是自己小时候不被允许哭的场景，我下意识的反应就是喊他"别哭了"，想让儿子立即停止大哭。

　　很多父母和我一样，不知道怎样面对情绪，所以特别受不了孩子哭。后来经过学习，我意识到，对孩子来说哭是一种表达和释放情绪的方式。经过几年的刻意练习，我才开始对儿子的哭更加接纳了。

　　我们在童年被养育的方式，会内化成我们养育孩子的模式。换句话说，我们与孩子的很多互动，是由我们的"潜意识"控制的。不仅如此，我们在生活中与人发生的每一次冲突，无论与孩子之间，与伴侣之间，还是与同事之间，从某种程度上讲，都是我们童年经历的再现。每一段关系、每一次互动都缘于我们童年时代的成长经历。

　　《失控》一书中有这样一句话：有效养育的关键，是将焦点从孩子的"不良表现"转向我们自身"不恰当的情绪行为"。

　　很多父母在面对孩子学习时很焦虑，又不知道这些焦虑情绪来自哪里。花时间梳理自己的焦虑情绪，是比抓孩子的学习更重要的事情。

　　搞清楚了焦虑来源，分清楚哪些感受来自自己，哪些感受来自孩子，才能做到为自己的焦虑负责，为孩子提供他们所需要的支持，而不是把自己的焦虑下意识地发泄到孩子身上。

▶ 看到焦虑的来源，清醒地面对孩子的学习

提到学习，你会想到什么？

"学海无涯苦作舟""吃得苦中苦，方为人上人""学习就是要吃苦"……如果我们带着这些观念去教育孩子，会发生什么呢？

作为父母，我们这一代人确实有很多是靠学习改变命运的，于是"知识改变命运"也成了我们根深蒂固的认知。对获取知识的焦虑，让我们这一代人在教育孩子时，总想让孩子从小就获取更多的知识，似乎掌握更多的知识就意味着有更高的起点。

于是我们的孩子从几个月大就开始"磨耳朵"，1岁多就开始上各种早教班，2岁开始背古诗，3岁开始学加减法……但渐渐地，我们对孩子的学习越抓越紧，与孩子的关系却越来越紧张。

如果你和孩子之间持续地因为孩子的学习问题发生冲突，可以通过观察和记录自己的情绪触发点，更清晰地看到冲突背后限制自己的行为模式是怎样的，看到焦虑的背后是什么在控制着自己，导致自己总是在类似的情境下做出相同的下意识反应。

艾米学习成绩很好，语文98分，数学97分，英语95分。但艾米妈妈对女儿的成绩很不满意，她觉得女儿不细心，同样的错误总是一犯再犯。

艾米妈妈对女儿的情况非常清楚：数学会看错题，英语总有几个单词拼写错误。这类问题似乎成了艾米妈妈的魔咒，每次考试后都会为此和女儿大吵一架。

艾米也痛苦不堪，自己在同学妈妈眼里是令人羡慕的好学生，为什么自己的妈妈总是对自己不满意，总是对自己有挑不完的毛病。

后来，我带着艾米妈妈做了情绪触发点的探索。她想起自己小时候，她的父亲总是对她要求很高，每次只要她考不到100分，父亲就会罚她站在墙角面壁思过，还不让她吃饭。这让她每次考试都很紧张，总是会出现一些不大不小的失误，考不到100分。

即使有时考了100分，等待自己的也不是表扬和肯定，而是父亲"骄傲使人落后，谦虚使人进步"之类的说教。这让艾米妈妈即使在成年后，面对别人的表扬也无法坦然接受，总觉得别人那样说不过是客气，自己做得还不够好。

很显然，艾米妈妈把自己小时候对考试的感受带到了亲子关系中。当女儿考试成绩就差那么一点儿就可以达到100分时，她自己小时候被父亲惩罚的感受再次被激活，使她下意识地用小时候父亲对待自己的方式去对待自己的女儿。

明白了这一点，艾米妈妈泪流满面，她没想到小时候的经历对自己影响那么大。后来，她通过长时间持续记录自己的情绪触发点，并刻意练习在生活中观察女儿的优点，心态慢慢放松下来，对女儿的成绩也渐渐不再苛求。

科恩博士在《游戏力》一书中提到了"成人的隐藏情绪"这个概念。他提到，我们很早就失去了表达情绪的自由，那些无法表达的情绪被隐藏了起来，在潜意识里控制着我们。

成为父母后，当孩子的某些行为触发了那些被隐藏的情绪时，我们心中就会爆发"是释放还是继续隐藏"的斗争，表现形式就是下意识地做出情绪化反应。

有三种方式可以帮助父母应对这种被觉察到的情绪化反应。

第一种，觉察自己的情绪，和情绪待一会儿。丹尼尔·西格尔在《去情绪化管教》一书中提到一个处理情绪的经典方法叫"取个名字驯服它"。只要说出这是什么情绪，我们就可以感知到自己的情绪值下降了。另外，最好离开触发你情绪的现场，或者觉察自己当下是哪种情绪，给情绪一点空间，好让自己冷静下来。

第二种，把情绪写出来，让情绪自由流淌。我曾经做过很多年的情绪书写，在书写的过程中重新感受自己的情绪，这也是找回自己情绪感受力的过程。在我参加的一次情绪疗愈工作坊上，老师提到：把当年没释放出来的情绪释放出来，是疗愈的关键。把情绪写出来，是一种非常好的疗愈情绪的方式。

具体做法是：找一个不被打扰的时间，安静地坐下来，用闹钟定时15～20分钟，从"我感觉……"开始写起。不要在意自己写了什么，甚至不需要思考，想到什么就写什么，让情绪在笔尖肆意地流淌。然后另起一行，依次继续写"我发现……""我选择……""其实我想说的是……"直到闹钟响起。

坚持一段时间的情绪书写，你会发现自己对情绪的感受敏感了很多。面对孩子，情绪失控的频率会越来越低，对自己也会有更多的接纳和共情。而父母对自己的接纳和共情，是看见和接纳孩子的开始。

第三种，有意识地觉察和记录情绪触发点。如果你和孩子（其他关系同样适用）之间频繁因为某件事发生冲突，你感觉自己似乎在重复某种模式，就可以尝试有意识地觉察和记录自己的情绪触发点。

从当前的情境开始，观察自己的反应，同时回到自己童年时代类似的场景中，去探索可能触发你情绪的原因，然后有意识地改变自己处理当前情境的方式，并且把这个过程记录下来。比如，前文提到的艾米妈妈，她反复在面对女儿的成绩时情绪失控的场景，就让她意识到这与自己小时候被父亲严格要求的经历有关。而改变，就在看见这一情绪触发点的那一刻发生了。

当我们这样持续地记录自己的情绪触发点时，童年没有得到及时疏解的那些情绪就可以很好地被看见和释放，不会继续在潜意识里控制我们，我们应对和处理当下的类似情境时才能做到更理智和清醒，而不是做出下意识的反应。

因此，在面对孩子学习上的各种挑战时，花时间梳理自己的情绪，看见自己的情绪之源，比解决当前的问题更重要。

▶ 不给孩子留下负向的情绪触发点

情绪触发点并不都是负向的，它们也可以是正向的。

比如，有一天你在马路上闻到一股饭香味，那种饭香味和自己小时候吃的姥姥做的饭一模一样，于是你想起和姥姥在一起的美好时光，想起姥姥对自己的疼爱，这让你感觉特别踏实和温暖。这种熟悉的饭香味，就是你的正向情绪触发点。

而作为父母，我们现在的学习和成长，就是为了在孩子的学习上，给孩子留下正向的情绪触发点。让孩子想到学习，是正向积极的感受；想起老师，是温暖鼓励的陪伴；想起学校，是快乐绽放的地方；想起作业，是努力进步的阶梯，而不是无休止的焦虑和压力。

▶ 自驱小马达：情绪触发点记录

情绪触发点 （当前情境）	我的反应	情绪被触发的 可能原因	以后可以 怎么做
女儿的考试成绩总是差几分满分	很生气，忍不住批评孩子，觉得孩子不够细心	小时候，我考不到满分就被父亲惩罚	持续记录情绪触发点，让自己的情绪能够被看见和疏解
……	……	……	……

孩子的学习缺乏自驱力？因材施教才能更主动

▶ 在放任和催促之间，找到合适的尺度

我从事家庭教育多年，参加了很多养育方面的专业课程，在不同理念的碰撞中，经常会遇到一些看似冲突的观点。比如，有的观点认为父母不要为孩子做太多事，这样会破坏孩子的学习自驱力，孩子需要自主安排的空间；但也有的观点认为，孩子在父母的支持和帮助下，才能发展出自律和规划的能力。那么，父母到底该怎么做呢？

其实上述两种观点都没有错，养育孩子的方式从来不是非黑即白的，父母需要在两者之间找到最适合自家孩子的度，也就是要因材施教。

20 世纪 60 年代，美国的两位心理学家亚历山大·托马斯（Alexander Thomas）和斯特拉·切斯（Stella Chess）曾以数百名儿童为对象，进行了长期的追踪研究，提出从九个向度描述孩子天生气质的概念。

《发现孩子天生气质》一书中提到，所谓气质，指的是孩子与生俱来的、对内在或外在刺激的反应模式，也可以说是孩子与生俱来的性格特质。这些特质会影响孩子的学习表现。父母提前了解孩子的性格特质，对孩子的行为表现多一些理解，就可以采用顺应孩子发展的方式帮助他们更好地成长。

我通过观察儿子的学习状态发现，如果我和他一起提前对当天的学习

内容、时间分配做好规划，到时候稍作提醒，他就会去开始学习；如果我完全放手让他自己安排，他反而磨磨蹭蹭，迟迟进入不了学习状态。

后来我了解到，我儿子属于反应阈值特别高的孩子，他对学习的内容敏感度偏低，需要相对清晰的指引才知道怎样开始学习。

这里所说的反应阈值，是指孩子对外在物理刺激产生反应的敏锐程度，也包括对人际互动中非语言线索的觉察能力。反应阈值高的孩子，对学习内容的敏感度较低，父母在陪孩子学习时需要给孩子相对清晰的指引，比如具体到哪一学科的哪一章节，越具体越好，这样才易于让反应阈值高的孩子进入学习状态。

你可能会担心这样做会破坏孩子的自驱力。我从两个方面来解释这个问题。

首先，我们前面提到父母要做孩子学习的"脚手架"，也就是说在帮助孩子明确学习内容的过程中，父母并不是直截了当地告诉孩子具体做什么，而是通过提问，帮助孩子去思考和梳理自己的学习安排。

比如，我会问儿子，今天有哪些作业？

每一学科的作业都有哪些具体内容，在课本的具体哪一章哪一页？

每一学科作业大概需要多长时间完成？你准备几点开始做？

通过对孩子提问，帮助孩子列出一份当天的作业清单。

这样做的好处是，通过提问，可以不断提高孩子对学习内容的敏感度。孩子的特质是可发展的，父母只要清楚自己在孩子学习过程中的角色，用对了方法，是可以帮助孩子弥补特质短板，提高孩子的学习能力的。

相反，如果父母只是单纯地告诉孩子学习内容，甚至一味催促和说教，对于反应阈值高的孩子来说，天生的低敏感度本来就让他们对学习无从下手，父母的催促会给孩子造成额外的压力，反而会对孩子的自驱力形成破坏。

科恩博士在《游戏力养育》一书中提到一句话：**成长来自刚刚好的压力。**

对于孩子的学习，父母的责任是识别孩子的压力来源，担当孩子的外部压力调节器，在这个过程中帮助孩子发展识别和应对压力的方法和能力，帮助孩子在压力可控的情况下面对学习过程中遇到的挑战。

其次，规律性也是一个需要父母特别关注的与学习相关的特质，规律性强的孩子，更喜欢对任务做提前规划和安排。如果计划有变动，一定提前告知孩子，让孩子有时间做好心理准备和调适。规律性强的孩子有时缺乏弹性，父母需要让孩子尝试适应不规律的情境，帮助孩子提高对环境的适应能力。

对于规律性低的孩子，父母需要特别关注孩子的内在需求。有时候他们闹情绪、不想学习，很可能是因为累了或困了，父母需要循序渐进地帮助孩子建立规律，尤其是在家庭环境中，父母可以安排好规律的作息，这样也有助于培养孩子的规律性。

▶ 变对抗为合作，变挫败感为胜任感

还有一种情况也与孩子的性格特质有关。

自从小麦上了一年级，小麦妈妈就听很多"过来人"说，孩子从一年级开始培养"好习惯"特别重要，尤其是放学回到家先写作业再玩，这是个非常重要的好习惯。但小麦却不这么认为，他坚持回家先玩一会儿，在

小区里疯跑一会儿，吃了晚饭再开始写作业。这件事情困扰了小麦妈妈好几个月。

小麦妈妈发现，如果她坚持让小麦先写作业再玩，小麦是非常对抗的，两个人一晚上都不愉快；而只要她接受小麦自己的安排，允许他吃过晚饭后再写作业，虽然开始得比较晚，但小麦写作业时的效率却比较高。

其实，在小麦的性格特质中，坚持度这一项是偏高的。所谓坚持度，指的是孩子从事一项活动时，不会因为遇到阻碍或困难就轻易放弃的程度。坚持度高的孩子在面对困难时，心里会想："再试一次，说不定就能行！"遇到困难和阻碍反而会激起他们的斗志，父母其实不用特别担心他们的学习。

坚持度高的孩子非常需要自主性，他们很有自己的想法和主见，且不容易被改变。这就是为什么小麦和妈妈总是在"先写作业还是先玩"这个问题上僵持不下。小麦妈妈了解到这一点后，选择了尊重孩子的想法，允许孩子先玩再写作业，他们之间的这个冲突自然就消失了。

随着小麦年龄的增长，小麦家又产生了新的冲突。

有时候小麦作业太多，会写到很晚，影响睡眠，小麦爸爸不想让小麦睡太晚，总是忍不住提醒和催促小麦开始写作业。越催促，小麦越不动，父子俩经常因此发生激烈争吵。

小麦妈妈很苦恼，因为她能看到小麦爸爸和小麦沟通的方式很容易激起小麦的对抗，但无奈的是，小麦爸爸也听不进妈妈的劝告。

其实这也与小麦爸爸妈妈的性格特质有关，小麦妈妈的坚持度不高，所以在了解孩子的特质和需求之后，很快就调整了沟通策略；但小麦爸爸和小麦一样，坚持度非常高，所以两个人各持己见，谁都不让谁，这也是很多父母和孩子之间沟通不畅的原因。

在游戏力养育的理念中，有一种沟通方式叫作"先跟随，后引导"。小麦妈妈了解到孩子对自主性的需求，于是和小麦一起讨论放学回家后的安排，她们对过去一个学期放学后的时间安排做了整体回顾，让小麦根据自己的体验说说，怎样的时间安排最合理。妈妈引导小麦认识到，不同的安排方式各有哪些好处和坏处。小麦在做时间安排时可以表达自己的想法，有一定的选择权和自主权，他也就更愿意选择合作而不是对抗。

对于坚持度高的孩子，最重要的就是提前沟通，尊重孩子的想法，让孩子参与做决定的过程，这样可以避免孩子的固执。同时，要注意培养孩子的灵活性，经常和孩子探讨同一件事情的不同选择和可能性，帮助孩子多从不同的角度看问题。

坚持度低的孩子则相反，他们的想法很容易受别人影响，不太有自己的主见和想法，遇到困难和挫折很容易产生挫败感，会轻言放弃。

对于坚持度低的孩子，养育的重点是帮助孩子感受到学习的胜任感和成就感。从孩子最擅长和最有兴趣的点切入，帮助他们调整学习的难度，让孩子稍加用力就可以达成目标，获得成就感，这样孩子就会愿意主动做更多。

《如何培养孩子的自主学习力》一书中提到，调整学习难度不是把高目标降为低目标，也不是把大目标拆成小目标，而是把目标分解为让孩子感觉可控的一系列子目标。就像爬台阶一样，孩子当前的能力没办法一步迈上去，父母可以帮助孩子在中间搭建几个小台阶，让孩子可以用自己的力量一步一步爬上去。

比如孩子写作文，一下子要求孩子写 300 字是很不容易的，孩子会有压力。木木妈妈和孩子约定好每周写一篇作文，但不是要求孩子一次性把作文写好，而是分解成几个子目标。

周一，他们会通过头脑风暴确定写作主题。

周二、周三这两天，他们会在散步、吃饭、睡前聊天时，针对写作主题自由交流，不受限制，想到什么就说什么，这个部分其实就是收集素材。

周四、周五，他们会坐下来花点儿时间把前几天聊到的印象深刻的内容做个整理，想到什么句子、词语就记下来，或者说一说自己的写作思路，这样就初步确定了写作框架。

周末，让孩子把作文写出来，并做一些修改和润色，一篇作文就完成了。

最初，作文写成什么样并不重要，重要的是在这个过程让孩子感受到写作文并没有想象得那么难。对作文有了好的感受是写好作文的第一步。

著名心理学家爱德华·德西（Edward Deci）和理查德·瑞安（Richard Ryan）等人在 20 世纪 80 年代提出了"自我决定理论"。这一理论认为，人类有三类基本需求，即自主需求、胜任需求和归属需求。社会环境可以通过支持"自主、胜任、归属"三种基本心理需求的满足，来增强人类的内部动机，促进外部动机的内化，保证人类健康成长。

《自驱型成长》一书中对这部分内容做了详细阐述。

根据"自我决定理论"，**激励孩子最好的方式就是增强他们的控制感。**如果孩子有自主感和控制感，他们会更可能探索自身兴趣并注重自我成长。

但现实的情况是，父母在养育孩子的过程中，很多不经意的行为都会破坏孩子的自主性和控制感，进而破坏孩子的内在动机。比如有目的地奖励，威胁和惩罚，强调竞争和排名，给孩子定过高的目标等，这些做法虽然有时可以达成目的，却破坏了孩子参与活动的自主性。

　　胜任感并不是真正把事情做好的能力，而是一种认为自己能把事情做好的感觉。这是一种对于自身能力的意识，这种意识仅靠外部的"你真棒"鼓励和赞扬是远远不够的，它是一种实实在在的"我能做到"的真实体验所带来的内在而非外在的"我能"感。父母的要务之一，就是要多支持孩子去发展胜任感。

　　归属感指的是在人与人之间，一种可以被感知到的情感纽带，《游戏力养育》中把这个情感纽带称为亲子联结。绝大多数的养育挑战都是由于亲子联结断裂导致的，想要解决养育难题，需要先修复亲子联结。

　　在后文中，我们还会对如何发展孩子的胜任感，以及如何建立亲子联结做更多的探讨。

▶ 自驱小马达：学习坚持度自测

孩子的学习坚持度自测表（简版）		
很容易妥协，不太容易坚持自己的想法	1　2　3　4　5	当事情不如意时，会坚持自己的想法
不喜欢从事需要苦练或太费心思的活动	1　2　3　4　5	练习一种乐器或运动时能够坚持重复练习
遇到挫折时常常觉得困难，很容易放弃	1　2　3　4　5	遇到困难和挫折时斗志十足，很想克服困难
缺乏耐心，遇到困难时很容易转移到其他简单的活动上	1　2　3　4　5	拼拼图、做模型、画画时，即使花很长时间也要坚持完成
不太会坚持己见，听到不同的意见会动摇	1　2　3　4　5	一旦做出选择，不太容易受其他人的影响

（续表）

孩子的学习坚持度自测表（简版）

| 做事情虎头蛇尾，常常做到一半就放弃了 | 1　2　3　4　5 | 想学一样东西时会坚持到学会为止 |

自测表得分区间	解读
28~35 分	坚持度 +2：坚持度相当高，容易固执
22~27 分	坚持度 +1：坚持度偏高，不容易放弃
16~21 分	坚持度 0：坚持度正常
9~15 分	坚持度 –1：坚持度偏低，很容易放弃
8 分及以下	坚持度 –2：坚持度相当低，非常容易感到挫败

表达型孩子和思考型孩子，学习侧重点大不同

▶ 透过现象看本质，读懂孩子的行为

到了一个陌生的环境，有的孩子东看看，西摸摸，看见不认识的人就主动过去聊天；有的孩子则躲在妈妈的身后不说话，你越叫他越往后退，让他和陌生人聊天更是不可能。

这样不同的反应，其实是因为孩子的特质中趋避性的影响。趋避性指的是孩子在面对新鲜事物时第一反应是接受还是拒绝。为了帮助大家增强理解，本书中把第一反应是接受的孩子称为表达型，反之则称为思考型。

表达型孩子的表现是一直说个不停，这样的孩子学东西快、兴趣广泛，但是表达有余，思考不足，学习深度不够。

思考型孩子的表现是话不多，观察力比较强，思考问题比较深入，但对新的学习内容会比较排斥，所以学习广度不足。

孩子的特质没有好坏之分，父母充分了解孩子，根据孩子的特质提供不同的支持，才可以把孩子的优势充分地发挥出来。

我就是典型的表达型性格特质，喜欢边说边思考，有很强的表达欲，习惯于通过表达来梳理自己的思想。

从事家庭教育多年来，我每年都会参加各种学习课程，跟"同频"的小伙伴一起交流自己的从业心得。朋友心心妈曾说，和我见面的几天，我

总是说个不停，吃饭时说，睡前说，洗完澡还要继续说，经常说到凌晨我还意犹未尽。我说了那么多，别人有没有听明白我不知道，但我自己确实越说越明白了。

这就是典型的表达型性格特质，具有这种性格特质的人需要通过表达才能把自己的思想梳理清楚，他们更喜欢与人在一起讨论交流的学习方式。如果只是自己看书学习，他们会觉得学不进去，效率不高。所以如果你的孩子是表达型的，你可以让孩子给你讲讲他白天上课听讲的内容，孩子在讲解的过程中，就可以把学到的知识梳理得越来越清楚。

我儿子是典型的思考型孩子，他的观察力很敏锐，经常有些稀奇古怪的想法。但如果我不主动问他，他是不会主动表达的，所以我会有意地给他创造安全的表达空间，让他有机会表达自己。

这样的孩子其实内心有自己的想法，但是因为说的少，所以在人群中不太容易被关注到。我儿子的班主任曾这样和我说起我儿子："刚开学时没怎么注意到这个孩子，但随着时间的推进，这个孩子身上的一些闪光点就显露出来了。"

从儿子 1 岁多开始，每天晚上睡前我都和他聊聊天。小的时候和他聊情绪，聊每天的经历，后来我们开始针对一些话题展开讨论。在这个过程中，儿子变得越来越爱表达。

比如有一次我们谈到"好工作"这个话题。他告诉我说，有些工作看起来挺好，但是也有不好的地方。我就问他，为什么这么说呢？他说："就像 4S 店里的人，他们每天给人介绍汽车，但是还得天天待在 4S 店里。"

我向他确认："你的意思是说，你喜欢 4S 店销售员工作介绍汽车的部分，但是不喜欢天天待在店里，感觉没那么自由，对吗？"他说是的。

原来，那阵子他爸爸经常带他去逛 4S 店，他对各大品牌的车型、特点如数家珍，这也引发了他对职业的一些思考。

如果没有我们针对"好工作"的那次讨论，我可能永远也不知道他曾经从这个角度思考过 4S 店销售员的工作。

那天，我们还针对"好工作"这个话题做了更多的交流。比如对不同的人来说，"好工作"的标准有什么不同？他是怎么看待爸爸妈妈的工作的？分别有什么好处？有什么坏处？这样他就有机会把自己对工作的思考表达出来了。

另外，思考型的孩子在考试中容易陷入对某个题目的深究而忘记时间，导致后面的题目时间不够；表达型的孩子则容易因匆匆作答审题不足。父母在陪伴孩子进行考试后复盘和错题整理的时候，要特别关注孩子这方面的特质，提醒孩子有意识地进行调整。

▶ 表达型的孩子，重在复习深度

表达型的孩子对新事物的接受能力比较强，但容易浅尝辄止，觉得自己会了，关注点就会转移到下一个事物上。所以在学习上，对表达型的孩子，不要让他们做过多的预习，尤其不要超前学习，这会让他们以为自己会了，就不再听老师讲课。

老师讲授课程不只是让孩子们学会做题，还会讲到更多的基本原理、知识拓展、例题的举一反三等。如果表达型的孩子先入为主地以为自己会了而不再认真听课，那就得不偿失了。

而且，表达型的孩子学得快，忘得也快，兴趣很容易转移，学习有广度但深度不够，父母需要帮助孩子及时深度复习，课后让孩子把学习的内容讲给父母听。通过讲解，孩子对知识的理解会更加深入和牢固。另外，在孩子讲解的过程中，父母可以向孩子提出一些问题，这样可以引导孩子**对知识进行深入思考和融会贯通的梳理，弥补表达型孩子学习不够深入的弱势。**

老师多次向小轩妈妈反映，小轩上课不认真听讲。一开始，小轩妈妈反复给小轩讲道理，提醒他上课一定要认真听讲。这样的提醒不但没起作用，反而引起小轩的逆反心理，上课看漫画书，画小人，和同学聊天，让妈妈苦不堪言。

后来小轩妈妈了解到小轩是表达型特质，学东西很快但容易浅尝辄止。而妈妈每天花很长时间陪着小轩预习新课，导致小轩上课时总觉得自己都会了，就忍不住和同学说话。

于是小轩妈妈调整了策略，简化预习，改为定期复习，并且复习时把每个单元都画成一张思维导图。复习的过程中，小轩妈妈针对知识点提出一些相关的问题让小轩来回答，这样既符合小轩喜欢通过讨论交流的方式学习的特点，还通过提问引导了小轩对学习内容做更深入的思考。

很有意思的是，通过家庭测评，我发现小轩一家四口都是表达型特质。爸爸妈妈平时和两个孩子沟通的方式都是讲道理，总是说个没完，孩子在家里没有表达机会，他的表达需求没有得到满足，在课堂上就会忍不住说话。这也从另一个侧面解释了小轩上课不认真听讲的问题。

后来，小轩妈妈在和小轩沟通时有意识地多提问，多倾听，少说话，让儿子有机会充分地表达自己。虽然这样的转变对她来说并不容易，需要刻意练习，但持续了一段时间之后，小轩上课听讲的情况有了很大改善，学习成绩也在稳步提升。

▶ 思考型的孩子，重在预习和复习广度

思考型的孩子对新事物的第一反应是拒绝的，他们需要更多的时间去观察和适应。所以思考型的孩子看起来学东西比较慢，理解新知识比较困难。但他们一旦理解了，就会非常扎实和深入。他们的特点是学习的广度不够，但他们的思考有深度。

所以对思考型的孩子来说，进行课前预习就非常重要。提前让孩子对这一节课要讲的内容有个初步了解，会让孩子听课时更容易接受，更能跟上老师的讲课节奏，主动回答老师的提问，这也会让思考型的孩子更有自信，听课效率也会更高。

闹闹妈妈从小就是个优秀的学生，在学习上从来没让父母操过心。但自从闹闹上了小学，闹闹妈妈每天都深感挫败，她不明白为什么那么简单的题目，翻来覆去讲了好多遍，闹闹还是搞不明白。而且闹闹上课时特别容易发呆走神，有时老师反复提醒他都没用。

自从了解到闹闹是思考型特质，闹闹妈妈恍然大悟，原来闹闹学习新东西就是需要更长时间。上课时如果对老师讲的某个要点没理解，后面跟不上老师的节奏，就很容易走神。

她回顾了一下，有时候自己给闹闹讲解的题目，过了几天之后再提起，闹闹就搞清楚了。对闹闹来说，理解一个新知识点需要更长的时间。

理解了孩子的特质之后，闹闹妈妈把陪孩子学习的重点放在了预习上：比如在上语文课之前把课文通读几遍，把生字生词搞清楚；在上数学课之前把这节课要讲的主要内容、要点、方法总结一下。有时候，闹闹还会提出一些很有深度的问题，闹闹妈妈就让闹闹带着问题去听课，看看老师有什么不一样的视角。从那之后，闹闹上课很少发呆了，也更加敢于举手回答问题，学习自信心提高了很多。

闹闹妈妈说，如果把学习比作认识一位新朋友，那么预习对闹闹来说，就像是打个招呼初步认识一下；上课时老师再去介绍这位新朋友的性格特点、兴趣爱好，闹闹就比较容易接受了。

对思考型的孩子，除了提前预习，还要鼓励孩子多表达，帮助孩子拓展学习的广度。思考型的孩子擅长在一个知识点上进行深入的思考，容易见树不见林，这也是为什么他们的考试成绩通常是小考优于大考。所以，思考型的孩子需要父母帮助他们在知识点之间进行融会贯通，并搭建知识体系。

父母可以从孩子的优势入手，帮助孩子把自己的思考呈现出来，并鼓励孩子把自己的想法表达出来。

每年暑假，我都会让儿子把他的课本内容通过思维导图的方式进行梳理。

我找出其中一章，通过提几个问题带他一起梳理知识框架，并做了一张思维导图做示范。慢慢地，他就逐步形成了框架式的思维：比如语文要从字、词、句、段、文几个角度去切入；数学要梳理出每个信息窗的重点、难点、方法和易错点等。

带着他做了几次之后，他自己就可以很熟练地做单元思维导图了。我最后再花些时间陪他一起对整本书的框架做一个梳理。

这其实很好地拓展了思考型孩子的优势。他本身就对知识点有自己的思考，通过思维导图把思考的内容进行体系化呈现，可以帮助他建立知识之间的联系，弥补他广度不够的弱势。事后再让孩子把自己做的思维导图给父母讲一遍，由于他在制作思维导图的过程已经对自己的思考做了梳理，再让他表达出来就没那么困难了。

这样既帮助孩子拓展了学习的广度，又通过让孩子给父母讲解练习了他的表达能力。所以思维导图是帮助孩子取长补短的一个非常好的工具，在"第21天"中会详细介绍思维导图的制作方法。

此外，父母了解了孩子的特质，也要对自己的特质有所觉察。比如前文提到的小轩妈妈，如果没有觉察自己和儿子都是表达型，自己一直在表达，就会导致孩子的表达需求得不到满足。但如果是表达型的妈妈遇到思考型的孩子，妈妈说得很开心，孩子听得也很开心，看起来一切都好，但这种互补的特质其实掩盖了真相，剥夺了思考型孩子的成长机会。

我在给儿子读童书时总是声情并茂，绘声绘色，我儿子非常喜欢这种方式，每次都被逗得咯咯笑，听得非常投入。但儿子到了五六岁的时候，仍然是这个状态，不喜欢自己读书，只喜欢听我读，而且对书里的一些问答互动也不愿意参与。后来我才意识到，我这么做反而剥夺了儿子通过读书练习表达的机会。

如果是思考型的妈妈遇上表达型的孩子，妈妈需要通过提出有深度的问题帮助表达型的孩子进行深入思考；如果是思考型的妈妈遇到思考型的孩子，在家里创造一个主动表达的氛围就尤为重要，妈妈也要促使自己给孩子做出一些表达的示范。

▶ **自驱小马达：亲子阅读锦囊**

	表达型的妈妈	思考型的妈妈
表达型的孩子	妈妈需要适当后退 从孩子感兴趣的点上提出有深度的问题，引发孩子深度思考 耐心倾听孩子表达	妈妈需要促使自己参与 从孩子感兴趣的点上提出有深度的问题，引发孩子深度思考 耐心倾听孩子表达，并与孩子讨论
思考型的孩子	妈妈需要适当后退 从观察类的简单问题入手，引发孩子主动表达 耐心倾听孩子的表达 对孩子的表达给予反馈和鼓励	妈妈有意识地多表达，给孩子做示范 从观察类的简单问题入手，引发孩子主动表达 对孩子的表达给予反馈和鼓励

孩子的学习感知模式：视觉型还是听觉型

▶ 了解学习性格理论，读懂孩子

从小溪7个月大，小溪妈妈就开始给小溪做英语启蒙。从英文儿歌开始，到每天的亲子阅读，再到配套的原版音频，每天坚持1小时左右的英文输入，让小溪的英文听说能力提升迅速。小溪在4岁多时，已经可以进行最基本的英文对话了。

于是小溪妈妈给小溪报名了线上的"一对一"外教课程，希望可以持续提高小溪的英文水平。但问题随之而来。线上课程结束后通常有配套的练习题，虽然练习题的难度并不大，都是课上讲过的内容，而且大部分单词和语句都是小溪所熟知的，但小溪做练习题时却困难重重，会做的题目也总是出错。

经过观察，小溪妈妈发现，小溪并没有认真阅读题目要求和选项，而是听完语音说明的部分就着急作答，答错了就换一个选项，几次选不对她就会变得非常焦躁，更没耐心去认真阅读题目。

不少妈妈也有类似的发现，孩子非常喜欢听故事，却不喜欢读书。这种情况在孩子学龄前影响不大，但在孩子上小学之后，就会出现一些困扰，表现为不喜欢读书，不喜欢写字，只要使用需要视觉辅助学习的内容，孩子都会非常排斥。

　　这种状况其实缘于孩子的感知模式。感知模式是人们接收信息和处理信息的方式，源自学习性格理论。学习性格理论是由理查德·班德勒（Richard Bandler）和约翰·格林德（John Grinder）建立和发展起来的。他们根据学习者感知模式的偏好，把学习者分为偏"视觉型"、偏"听觉型"和偏"动觉型"三种类型。

　　偏"视觉型"的学习者喜欢通过观察和阅读来学习，偏"听觉型"的学习者喜欢倾听和讨论，偏"动觉型"的学习者需要身体的参与、四处走动或亲自体验才能更好地接收信息。

　　以小学生学写生字为例，偏"视觉型"的孩子需要对照课本抄写生字；偏"听觉型"的孩子可以把每个生字的笔顺大声念出来，并一边念一边写；而"动觉型"的孩子则是用手指在空中把字按笔画顺序"写"出来的方法更有效。不同感知模式的孩子，使用其适合的方式来学习，效率会更高。

　　在学习的过程中，孩子可能会用到每一种感知模式。但当孩子学习遇到困难时，如果父母采用其偏好的感知模式帮助孩子，提升效果会更明显。

　　低幼龄儿童更多的是用手脚触碰来探索世界的。他们的世界是具象的，所以他们的感知模式更偏向"动觉型"。进入学龄期，孩子开始识字、学习知识，开始把抽象的语言符号和具象的世界联系起来，于是孩子开始更多地通过听觉和视觉接受信息并认识这个世界。

　　这时，如果孩子用他不擅长的感知模式来获取信息和学习技能，通常很难达到预期的学习效果，还会引发孩子的挫败感。更严重的情况是，父母在不了解孩子更擅长何种学习感知模式的情况下，对孩子的行为产生误解，把孩子正常接收信息的感知模式理解成孩子的问题行为。

　　乐乐上小学后，上课时总是忍不住动来动去，老师经常为此找家长。

乐乐妈妈也观察到孩子写作业时总是忍不住转笔或把椅子晃来晃去，很难安静下来。但是从孩子的作业质量和听课情况来看，这些小动作似乎并没有影响他的学习。其实乐乐就是典型的偏"动觉型"的孩子，他只是看起来"多动"，而不是真的"多动症"，他的身体需要动起来才能让自己的注意力更集中。

对于偏"动觉型"的孩子来说，适应当前的教育模式是不容易的，父母要对孩子多一些理解，让孩子明白"控制不住自己的身体是正常的，并不是我有问题"，这一点非常重要。父母可以有意识地帮助孩子更好地利用自己的感官优势提高学习效率。

我儿子是偏"听觉型"的，他读英文分级读本需要升级时，如果直接阅读觉得有些困难，我会找到对应的原版音频，让他一边听一边阅读，有了听力的辅助，他学习起来就会顺畅很多。

丁丁的女儿背古诗也受到了感知模式的影响，一开始她只是重复背诵，反反复复很多次还是记不住，妈妈和女儿都感到很挫败。后来丁丁意识到女儿是偏"视觉型"的，就改变了策略，用思维导图和图像进行视觉辅助，女儿很快就记住了，背古诗的效率大大提高，而且女儿的学习兴致很高，自驱力满满。可见，只要选对了适合孩子的方式，真的会事半功倍。

乐乐妈妈则发现，乐乐在床上一边跳一边背单词效率更高，记得更牢。所以每天晚上，乐乐和妈妈会一起看看哪些作业可以一边在床上蹦跳一边完成，这使乐乐晚上的作业时间非常欢乐，并意外地成了乐乐和妈妈之间特别的亲子时光，增进了亲子联结，这样的支持和陪伴使乐乐有更多的心理能量适应学校的规则。

▶ 利用优势感知模式，促进感知模式多元化发展

事实上，三种类型的学习者各有各的优势和劣势，也各自有擅长和不擅长的学习内容，总结如下（见表5-1）。

表5-1　不同类型学习者擅长和不擅长的学习内容

类型	擅长	不擅长
偏"视觉型"	写文章、做图表、看地图、PPT展示、看图说话	听和答、即兴辩论、脱稿演讲、表演
偏"听觉型"	听力考试、基于讲座的笔试和口试、默写、即兴辩论、演讲、听指令做动作	阅读理解等缺乏声音交互的书面考核
偏"触/动觉型"	多项选择题、简短定义、完形填空题、写毛笔字、打字、建模等手工作业	背诵、作文、阅读理解、听力考试、辩论等需要大量知识储备的活动和基础的考核

父母了解了孩子的优势感知模式是什么，就可以从孩子擅长的学习内容入手，帮助孩子发展其他感知模式。

没有人是只靠其中一种感知模式进行信息输入的，我们的大脑在接受信息时会随着外界的刺激自动在三种感官模式中不断"游走"，只是每个人都会优先采用对自己来说相对轻松舒适的模式。

而我们的大脑是具有可塑性的，通过刻意练习，可以增强其他感知模式相关的大脑结构，进而提升其他感知模式的信息输入能力。

前文提到小溪的感知模式就属于偏"听觉型"的，她做课后练习题遇到的困难与她的感知模式有关，从小习惯了英文听说的小溪还无法做到自己阅读题目。

　　后来，小溪妈妈通过游戏的方式帮助小溪启动视觉感知模式。

　　她制作了一些单词卡片，每张卡片上写一个英文单词。她选择的单词都是小溪可以轻松听懂和说出的熟悉单词，只是她还不会自己认读。

　　小溪妈妈先是和小溪一起把这些单词都认读了几遍，帮助小溪把单词和她头脑中熟悉的读音建立联系。小溪也觉得非常有意思，每一张卡片都让她有似曾相识的感觉。然后就开始玩游戏。

　　最初的游戏规则很简单：把4～6张单词卡片混在一起打乱顺序，小溪妈妈说单词，小溪找出对应的卡片。小溪需要用眼睛仔细去看，才能找出对应的卡片。在这个过程中，她的眼睛就开始工作了。

　　小溪很喜欢这个游戏，因为这些单词都是她很熟悉的，她只需要调动视觉，把卡片上的单词和她大脑中的那个声音对上号就可以完成游戏。

　　每轮游戏玩的单词卡数量不要太多，避免难度太大让孩子产生畏难情绪。这个游戏玩了几天之后，小溪体验到了自己认出单词的成就感，自信心提高了不少，还自己发明了两种升级版的新玩法。

　　一种新玩法是：准备4张卡片，每个人先迅速地把卡片看一遍，然后把卡片打乱后随机抽走一张，回答哪一张被抽走了。

　　另一种新玩法难度稍高：把4张卡片放在毯子下面盖起来，快速掀起来看一眼，然后从一堆卡片中把这4张找出来。

　　这个游戏就是通过孩子的优势感知模式去调动他们的其他感知模式，使孩子的感知模式实现多元化发展。那么，我们该如何去调动孩子的其他感知模式呢？

　　我们需要清楚，从帮助孩子更轻松地获取信息的角度，一定要尊重孩子，允许他以优势感知模式进行信息输入。在此基础上，借用孩子最擅长的学习内容，调动其他感官参与。这样培养起孩子的成就感，孩子就会有自驱力，学习更加积极主动。

比如小溪妈妈之所以和小溪玩单词卡片游戏，就是因为小溪已经有了大量的英文听说经验，选取小溪很熟悉的单词制作卡片，通过游戏帮助她调动眼睛"看单词"，发展她的视觉感知能力。**用优势带动劣势，而不是试图扭转劣势。**

偏"视觉型"的孩子更喜欢读书而不是听故事。父母可以找出对应的图书音频，一边播放，一边让孩子自己跟着音频同步翻看图书，这样可以调动孩子的听觉感官参与。读完图书之后，父母可以与孩子一起讨论图书的内容，帮助孩子调动更多的感官参与进来。

对于偏"视觉型"和偏"听觉型"的孩子，可以让他们把图书故事表演出来，或适当增加体育、自然、手工等课外活动，让他们更多地动手操作，帮助他们产生更多体验感和参与感，不拘泥于原有的信息输入方式，激发他们更多的创造力和潜能。

对于偏"动觉型"的孩子，可以让他们在参与某项活动之后，把参与的过程以视觉或听觉的方式呈现出来，比如画成一幅画，做成视频、手账，或者通过讲述的方式进行复盘整理。

每个孩子都是独一无二的，父母要去观察自己的孩子，找到孩子的闪光点，从孩子的优势出发，再通过游戏等丰富的方式去帮助孩子调动更多的感官，而不是把孩子的特质当成缺点对待，或者把孩子的正常行为当成问题去解决。

▶ 自驱小马达：古诗背诵卡片

偏"视觉型"的孩子要背诵古诗时，父母可以引导他们制作背诵卡片，如果孩子可以参与绘制视觉图像，他们的学习效果会更好。

第一步：熟读一首古诗并理解其含义。这一步大多数孩子可以在学校听讲时完成，父母也可以根据参考译文帮助孩子理解。

第二步，提取古诗关键词，用对应的图像绘制出来（见图 5-1），这一步根据孩子的喜好操作即可，没有固定的形式，也可以采取思维导图的形式。

第三步，通过想象让关键词的图像在头脑中动起来，形成一个画面，大脑对图像的记忆会更加深刻。

第四步，通过画面想象背诵古诗，直到脱口而出。

图 5-1　丁老师女儿绘制的古诗背诵图像卡

对于"听觉型"的孩子，父母则可以帮助孩子找一些古诗的音频资源，比如唱学古诗词等，让孩子反复听，并跟着唱。这样不但可以帮助孩子更好地理解古诗词背景知识和含义，而且会让孩子不知不觉就记住了。

是学习障碍还是感统失调？训练视觉、听觉、动觉能力

▶ 导致孩子"学习困难"的五大可能原因

一位妈妈给我发来以下信息，从她的文字中，我们都能读出她的焦虑感。

女儿上一年级了，老师经常向我反映说女儿上课东倒西歪的，总是坐不住，完全听不进去老师讲的内容。一开始，女儿拼音怎么也学不会，识字也非常困难，让她把字写到田字格里简直比登天还难，每天写作业给她解释很多遍还是不会，特别依赖我。孩子的语言能力也很差，说话结结巴巴，表达不清楚，一句话半天说不明白。这让我很着急：她是不是有语言障碍和学习障碍？我该怎么办？应该先教她识字还是先让她学拼音？

如今越来越多的三甲医院开设了专门的"学习困难"门诊，也有越来越多的孩子被诊断患有学习障碍，但对学习障碍的诊断与评估仍存在很大争议。

美国1977年颁布的教育公法对学习障碍诊断的基本标准做了说明，要求诊断团队要通过综合考察才能对学习障碍进行确诊，任何单一的测验结果都不能代替诊断团队综合各种信息（例如健康状况、注意力、环境、语言、动机、课堂行为等）做出的判断。根据这个诊断标准，并不是所有出现学习障碍行为表现的孩子都可以直接被诊断患有学习障碍。

在智力因素正常的情况下，孩子出现学习困难，常常是但不限于以下

原因。

（1）**被忽视的情绪因素的影响**。科恩博士在《游戏力Ⅱ》一书中提到，成年人总认为童年就应该满是快乐和幸福。然而我们搞错了，或者忘记了，真正的童年是各种元素的混合，不仅有好奇、兴奋和幻想，还有恐惧、愤怒和悲伤。研究表明，紧张、抑郁、焦虑、压力、恐惧等情绪因素对学习成绩均有显著影响。

（2）**不良家庭环境的长期影响**。家庭环境对儿童的影响是深远而广泛的，留守、长期被忽视、父母离婚、家庭冲突、亲子关系冲突等因素均会造成儿童学习困难，而儿童学习困难反过来又给家庭带来压力和挫折感。

（3）**父母沟通方式的负面影响**。父母不懂得如何更好地支持孩子学习，用批评、指责、吼叫、惩罚、打骂、贬低孩子等方法应对孩子的学习，或采取了不适合孩子特质的辅导方法，长期给予孩子负向反馈，使孩子形成负向的自我认知，在学习上产生挫败感和无力感，缺乏自信。

（4）**学习动机缺失和学习方法不当的影响**。孩子学习兴趣不够，自驱力不足，游戏上瘾、厌学、青春期焦虑，以及社交焦虑等因素会使得孩子把精力分散到与学习不相关的其他事情上；还有一些孩子因为学习方法不当，在学习上长期存在无力感，形成了负向循环。

（5）**感觉统合失调的影响**。所谓感觉统合，即一个人将眼睛看到的、耳朵听到的、内心感受到的、身体运动产生的、皮肤接触到的感觉全部输入大脑，经由大脑整理与分析后，做出适应环境需求的反应。换言之，感觉统合就是大脑和身体相互协调的过程，输入信息、整理和分析信息、做出反应，任何一个环节出现问题，都可能会影响到孩子的学习，进而引发其学习困难。

当父母发现孩子在学习上遇到困难时，不要急于认定是孩子的行为问题，而应该站在孩子的角度试着去理解孩子是否遇到了什么困难，他们需要怎样的帮助。

小铭妈妈找到我时，小铭已经休学多日，正准备复学时遇到了新的挑战。

小铭进入青春期后，偶然的机会迷上了电子游戏，严重影响了学习，亲子关系也受到了很大挑战。小铭爸爸对小铭非常不满，这也让小铭和妈妈在家里面临着非常大的压力。

小铭妈妈经过学习，增强了内在力量，对孩子有了更多的同情和理解，顶着巨大的压力给了小铭很大的支持。但就在小铭准备复学时，新的挑战又来了。小铭拒绝回学校，甚至拒绝出门见人，好像一切又回到了最初的样子，小铭妈妈陷入了深深的自我怀疑。

后来，经过梳理，小铭妈妈理解了小铭。因为休学多日，虽然觉得自己已经准备好了，但是一想到要去面对许久不见的同学和老师，小铭感到莫大的压力，这种压力让小铭喘不过气，于是选择逃避。

看到这一点之后，小铭妈妈陪着小铭一起，把回到学校可能遇到的问题一一列出来，并讨论了应对的方案，有了这份方案，小铭复学就顺畅了很多。

▶ 训练视觉、听觉、动觉能力，助力孩子高效学习

有一些具体的学习问题与孩子的视觉、听觉能力相关，需要引起父母的特别重视。

小凡妈妈发现，小凡做题时经常有漏题的现象，有时甚至会看错行。

小凡说自己有时头脑中想的是某个数字，写下来的却是另外一个数字。

小林妈妈则观察到，小林经常记不住老师布置的作业，尤其在听写的时候，总是跟不上老师的节奏，上课时注意力很难集中，总是被外面的声音所吸引。

其实，小凡和小林分别属于典型的视觉和听觉能力不足的问题。视觉和听觉能力不足对学习的影响巨大（见表 6-1），**"视"是理解的窗口，"听"是语言的开端。**

表 6-1　视觉和听觉能力不足对学习的影响

能力不足类型	对学习的影响
视觉能力不足	－ 无法经由视觉学习 － 视觉记忆短暂 － 辨认数字有困难 － 常把数字上下左右写颠倒 － 辨识注音符号有困难 － 写字常超出格子 － 阅读课文时常跳字漏字 － 阅读速度较慢、持续时间不久
听觉能力不足	－ 无法过滤不相关的声音，容易分心 － 记忆能力、阅读能力差 － 听写困难，反应跟不上老师的讲课节奏 － 会把数字听颠倒 － 有语音分辨不清的现象 － 别人叫他时没反应 － 刚听到的事情马上就忘了

视觉能力指的是人对色彩、形状、空间位置等要素的准确感知和表达能力。提高视觉能力可以促进孩子对图形、位置、结构、方向和角度的认知；还可以提高孩子的理解能力、条理性、整理能力、阅读能力和数学能力。

很多亲子间的日常互动可以帮助孩子发展视觉能力，比如涂鸦、填色、仿画、剪纸、"走迷宫"、连线、找不同等，这些活动都是发展眼睛看图形、距离、对称关系的能力。再配合握笔、小肌肉的操作控制能力，使手眼协调，非常有助于提高孩子的学科成绩。

听觉能力则与语言能力发展有关。语言能力包括听、说、读、写四个方面，这些能力并不是与生俱来的，而是在后天的训练中逐渐发展起来的。孩子最初的语言能力很大程度上依赖听，他们通过听和模仿周围的人说话来学习语言，如果孩子的听觉发育不好，势必会影响其语言能力。

父母可以通过"读数字串儿"的方式了解孩子的听觉辨识和听觉记忆广度，比如读出 3 个数字，让孩子分别按顺序、倒序复述出来，可以根据孩子的实际情况提高或降低难度。"看图说话"可以提升孩子的语言表达能力，"复述故事"、与音乐相关的训练则非常有益于孩子发展听觉能力。

除了视觉和听觉能力，感觉运动能力也对孩子的学习有很大影响。孩子在运动的过程中，平衡感、韵律感、方向感、肌力、动作协调能力、速度感、放松能力与变化能力等会得到不断发展，这些能力都有利于孩子的学习。这是因为，感觉运动能力可以协助视觉和听觉能力的发展。这主要体现在以下几个方面。

书写：方向感、空间感、手肌力影响写字的笔画笔顺、是否写反字、写字速度、空间规划等；

说话：听音辨音、说话的节奏、出气量、轻重音等影响发音、音量、语调；

文字组织能力：对时间、空间的理解影响用文字条理地表达；

计算能力：运动影响计算时的空间、次序与条理；

行为：指令配合度、肢体成熟度、持续度、对新环境的探索；

运动和游戏：运动和游戏可以变幻出较复杂的规则；

社交：孩子早期通过游戏和运动来社交。

父母要鼓励孩子尽可能多地尝试各种适龄运动项目。在此提醒各位父母，对中小学的孩子，同样要保证让孩子每天有足够的运动时间。运动不仅可以提升孩子的上述各项能力，还可以帮助孩子更好地释放和调节情绪。

▶ 自驱小马达：12 种有效运动

以下列出了 12 种对提高孩子视觉、听觉、感觉运动能力有效，且易于进行的运动项目，[①] 父母可以选择孩子喜欢的项目陪伴孩子坚持练习。

活动	目的	对视觉、听觉、感觉运动能力的影响
慢蹲慢站	增强脚肌力和平衡感，使关节灵活、肌肉放松	改善走、跑、跳时容易失衡的现象
手撑地走	增强手臂、手腕、颈部肌力	帮助控笔书写、涂色、剪纸等操作
仰卧起坐	增强腰部肌力、身体基础协调	运动训练的基础
单杠	增强手肌力、发展肩颈肌肉 刺激内耳（语言中枢） 增加空间认知	帮助控笔书写 提高听觉能力

---

① 根据"SI 家庭教育顾问师"学习平台资料整理。

（续表）

活动	目的	对视觉、听觉、感觉运动能力的影响
爬网	训练平衡感 使手、眼、脚协调 增加空间认知	手脚灵活 帮助控笔书写
跳床	训练平衡感、节奏感、脚肌力 增进空间认知 刺激内耳、前庭 帮助身体放松	增加出气量、帮助语言发展 提高听觉能力
翻滚	训练放松、增强肌力协调 增进空间认知	帮助肌肉放松
平衡木	训练平衡、眼脚协调能力 增进空间认知	发展平衡感，有助于专注力的提升
丢接球	建立手臂、手指伸展灵活度 增进双手、手眼协调 提升方向、力量，以及速度控制能力 建立社交基础	美劳、书写
拍球	增强手肌力、手眼协调、韵律感 建立手臂灵活度 提升力量、速度控制能力 拉长眼睛的持久度	手眼协调、提高书写能力
跳绳	增强手脚肌力 发展手脚协调 增强平衡感、韵律速度感 感受空间方向感 增加肺活量	提升配合度、反应灵敏度
托球	增强手肌力、手部动作持续力、手指灵活度 发展手脚协调、双手协调 延长专注时间	发展手部精细动作

良好的亲子关系，是孩子爱上学习的基础

▶ 良好的安全依恋是亲子关系的基础

精神分析学家、心理学家约翰·鲍尔比最早提出了"依恋关系"理论，该理论被广泛应用于儿童的早期养育研究中。这一理论关于养育的核心观点是：父母能够为孩子提供一个安全基地，让孩子安心地探索外面的世界，这构成了**亲子关系的两大核心，即安全和探索**。

当孩子觉得安全时，他们会接受挑战，去探索外面的世界；遇到困难时，他们会灵活地探索和尝试各种解决方案；感到无能为力时，他们愿意主动寻求他人的支持和帮助。**拥有良好的安全依恋关系的孩子，拥有的是"进可攻、退可守"的勇气和底气**。

因为他们知道有那么一个地方永远对他敞开：当他受到惊吓时，可以在那里得到安抚，让自己慢慢平静下来；当他感到痛苦时，可以在那里得到拥抱，使自己的身心得到滋养；即使他犯了错误，也可以在那里得到理解和接纳，获得再次尝试的力量；这个地方就是父母温暖的怀抱，是孩子与父母良好的安全依恋关系。

孩子与父母之间良好的安全依恋关系，是孩子身心发展的关键与核心。孩子刚出生的头几年，这种安全依恋关系是很容易建立的。父母和孩子温情地对视，父母看着孩子咿呀学语、蹒跚学步，灯光下孩子依偎在妈妈的

怀里共读一本书，一起在床上翻滚，手牵手在小区里散步，旅途中你追我赶……嬉戏打闹间，父母和孩子之间建立了亲密的亲子联结。所谓联结，就是人与人之间，一种可以被感知到的情感纽带。

但随着孩子年龄的增长，父母对孩子的期待越来越高，尤其在面对孩子学习时，亲子关系面临着越来越大的压力和挑战，父母也越来越容易忽略依恋关系的重要性，而更关注孩子的外在行为表现。不知不觉间，这种情感纽带变得松动了，甚至开始断裂。

很多青春期孩子的父母都曾和前文提到的小铭妈妈有同样的经历。孩子进入青春期后变得难以沟通；甚至连好好说话都变得特别困难；孩子动不动就把自己关在房间里……这种情况下，如果父母和孩子之间的话题只有学习，亲子关系就会变得越来越紧张。

青春期的孩子经历着身体和心理的双重压力。他们一方面觉得自己是个大人了，另一方面却仍然离不开父母。独立和依赖的内在冲突让他们身心俱疲，青春期的孩子比看起来更需要与父母之间的亲密联结。

科恩博士在《游戏力养育》一书中提到，联结是养育的基础，联结断裂是所有养育挑战的根本，要想解决养育挑战，需要先修复亲子联结。如果你和孩子之间持续地因为学习问题冲突不断，建议暂停一下，先来检查一下是不是你们之间的亲子联结出了问题。

以下几个问题会对你有所帮助。

如果给你和孩子之间的亲子关系打分，从 0 到 10，你觉得是几分？

你打分的具体依据是什么？

你什么时候会觉得与孩子的联结比较好？什么时候会觉得比较差？

几年来，你是否意识到亲子关系发生了变化？发生变化的原因是什么？

在面对孩子的学习和作业问题上，你和孩子的沟通方式是怎样的？

这样的沟通方式让你与孩子之间的联结更亲密还是更疏远了？

如果同样的问题再问一遍孩子，你觉得孩子会怎样回答？

在我的线下父母工作坊中，我会给学员布置作业，要求他们回家后用自己的方式与孩子建立联结。小齐妈妈分享的故事让我印象深刻。

12岁的小齐和妈妈度过了30分钟的特殊游戏时光。在这30分钟里，小齐妈妈只是跟随小齐，不做任何干涉和建议，小齐可以在安全的前提下做他想做的事，玩他想玩的游戏。小齐最喜欢做的事情是素描，于是在这30分钟里，妈妈什么都没说，只是坐在小齐身边，一边看着小齐画画，一边听小齐讲着学校里发生的事。

30分钟时间很快到了，小齐却意犹未尽，画没画完，话匣子却打开了。他对妈妈说了很多他对手机游戏的看法，妈妈没有打断他，小齐居然一口气说了大约1小时。小齐妈妈特别感动，她兴奋地告诉我："我从来不知道孩子对手机游戏有那么多自己的看法，当我知道了这些，我一点儿也不担心孩子会沉迷于玩手机游戏了。"

如今的社会环境越来越复杂多样，孩子难免会经历各种诱惑，这让很多父母经常活在自己的想象和恐惧里。但他们并没有真正走进孩子的内心世界，去了解孩子的真实想法。父母可以经常问问自己：我是基于爱还是基于恐惧在养育孩子？

在《爱与教养的双人舞》一书中，我读到了对养育最美好的定义。

成功的养育就是不断地努力寻找各种矛盾间的平衡：独立与依赖、自由选择与遵守规则、独立自主与情感亲密，以及保障安全与寻求探索等。通过关注亲子关系，我们就能找到最适合每个孩子的平衡点。

▶ 建立亲子关系的六大秘籍

生活中，父母有很多不经意的行为会破坏亲子关系，比如：

忍不住对孩子吼叫，吼完了后悔，下次继续吼，无限循环；

总是无休止地提醒和催促孩子，与孩子陷入对抗状态；

不理解孩子行为背后的原因和需求，只是针对行为进行批评和指责；

与孩子之间的话题只有学习、作业和成绩，并且长期对此没有任何觉察；

忽略家庭环境变化（比如生二胎、离婚、搬家、升学、换学校等）对孩子造成的影响⋯⋯

关于建立良好的亲子关系，你一定听过很多给父母的建议，比如陪伴、尊重、接纳、无条件的爱⋯⋯结合我个人多年的养育实践以及我所服务的很多父母的真实反馈，我总结了建立亲子关系的六大秘籍。

秘籍一：对自己的状态保持觉察，是父母需要终身修炼的功课

越来越多的父母"持证上岗"，通过学习，更多地了解孩子，用支持孩子的方式陪伴孩子成长。但这个过程是不容易的，用自己没有被养育大的方式去养育自己的孩子，这一点本身就非常值得自我肯定。

我把父母的自我成长划分为四个阶段（见图7-1），对自己当下的状态保持觉察，是父母自我成长的必经之路，而**觉察，正是改变的开始**。

阶段一，不知道自己不知道。在这个阶段，父母还在用下意识的方式与孩子沟通，不了解孩子成长阶段的不同特点，也不知道怎样的养育方式有利于孩子成长，遇到具体的养育挑战后，才开启学习和成长之路。

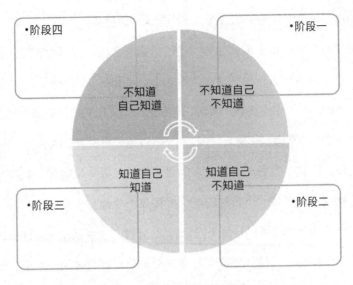

图 7-1　父母自我成长的四个阶段

　　阶段二，知道自己不知道。父母开始通过学习升级自己的认知，对孩子有更多了解，学习了更利于孩子成长的养育方式，但仅停留在 "知道" 的阶段，还不能将其运用到生活中。这个阶段的父母是最痛苦的，旧的模式被打破了，新的模式还没建立起来，需要带着觉察持续地练习。

　　阶段三，知道自己知道。经过一段时间的练习和实践，父母把学到的知识和方法应用在生活中，能够有意识地采取一些对孩子成长有益的养育方式。

　　阶段四，不知道自己知道。父母已经可以把学到的知识应用于生活中，并内化成自己行为模式的一部分，即使偶尔回到原来的模式也会很快调整自己，不再需要刻意提醒。

　　这四个阶段是父母自我成长的必经之路，需要时刻带着觉察不断地提醒自己刻意练习。那么现在来判断一下，你自己当前处于哪个阶段呢？

秘籍二：舍得为孩子花时间，是比你认为的更重要的事

父母每天都有很多事情要忙，生活节奏非常快，甚至没有时间去了解孩子每天在做些什么，想些什么，不知不觉就和孩子渐行渐远了。科恩博士在《游戏力》一书中提到"调频"的概念，即父母要经常有意识地把自己调整到孩子的"频道"，与孩子一起做一些对他们来说重要的事。

也许你会说，我每天有那么多的事情要忙，根本没时间。最简单的方式就是和孩子约定好一个特殊时光，把和孩子单独在一起的时间写到你的日程表里。这个时间可以是每天固定的15分钟，也可以是每周固定的一小时。孩子年龄越小，越需要每天有和父母单独相处的时间。对于多子女家庭，最重要的事情则是父母两人都要每周有和每个孩子单独相处的时间。

我的家长课学员灵犀的做法让我印象深刻。她有两个孩子，每周都会有半天的时间单独带姐姐或弟弟出去，这在他们家称作"姐姐日""弟弟日"。在"姐姐日"，妈妈会带姐姐一起去图书馆看书，吃好吃的；在"弟弟日"则会带弟弟去游乐场，玩弟弟最喜欢玩的游戏。姐弟俩每周都非常期待和妈妈的特殊时光。

我的好朋友小一妈妈的做法也非常值得借鉴，他们会在周末找一天，上午爸爸带着姐姐，妈妈带着妹妹单独玩。中午找个地方一家四口一起吃午饭，下午再交换孩子，这样的仪式感让两个孩子安全感十足，亲子关系自然也是亲密无间。

这里需要特别提醒的是，一定要让爸爸和孩子有单独相处的时间。爸爸和妈妈在孩子的成长过程中承担着不同的功能，如果一个家庭中爸爸总是缺席，可能是因为爸爸工作真的忙，也可能是家庭互动模式导致的。

如果爸爸在家里没有存在感，一切都由妈妈或家里的老人代劳，那么

就会有两种可能：一种可能是，爸爸会让自己更加忙于工作，回家的时间越来越少；另一种可能是，爸爸会想尽办法参与孩子的学习和生活，但采取的方式不一定是对孩子来说最好的，比如对孩子更严格地要求。

不管属于哪一种情况，长期下去的结果都是孩子和爸爸的关系会变得越来越紧张。这时，妈妈一定要成为爸爸和孩子之间关系的调和剂和润滑剂。

天天爸爸非常顾家，虽然工作很忙，但只要一回到家就见缝插针地给儿子读书或一起玩游戏，非常重视对儿子的陪伴。但儿子上了小学后，每天越来越多的时间都是妈妈陪着学习，加上爸爸回家晚，父子之间单独相处的时间越来越少。于是爸爸开始关心儿子的学习，但是爸爸的方式就是提醒和催促，总是破坏妈妈和儿子已经形成的节奏，这让儿子苦不堪言，总觉得爸爸越来越暴躁。

天天妈妈观察到了这一点，在家里做了两个调整：一是给爸爸分配了任务，让爸爸每天陪儿子练习跳绳，让父子间有单独相处的时间；二是周末和假期让爸爸带着儿子看电影、逛博物馆、进行户外运动，这些是爸爸更擅长的事。天天妈妈观察到，父子俩相处得更轻松了，儿子也越来越依赖爸爸。而辅导孩子学习的事，就完全交给妈妈。

秘籍三：练习放松的能力，这需要有意识地刻意练习

都说"父母好好学习，孩子天天向上"，但我们学习如何养育孩子的目的并不是培养一个完美的孩子，也不是让自己成为完美的父母，而是能够更加放松地去养育我们的孩子。

科恩博士在一次讲座中谈到父母对孩子的期待和焦虑状态（见图7-2）。他说，有些父母对孩子处于"低期待、低焦虑"的状态，而有些父母则对孩子处于"高期待、高焦虑"的状态，这两种状态都不是养育孩子的理想状态，**我们需要找到"高期待、低焦虑"也就是"放松下的高期待"的养育状态。**

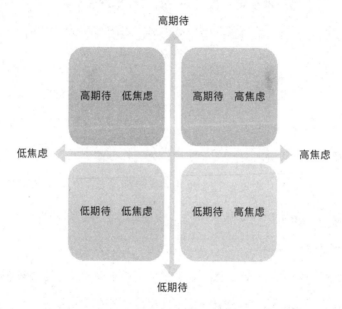

图 7-2 父母对孩子的期待和焦虑状态

父母可以对孩子有自己的期待，但要理解孩子的想法和需求，不要把自己的期待强加于孩子身上；做孩子的支持者和"脚手架"，以与孩子合作而不是对抗的方式帮助孩子成长。

养育孩子多年的经验和教训告诉我，放松是一种能力。放松的父母在养育孩子的过程中能做到以下三点。

第一，能够与孩子的情绪状态保持一致，这在心理学上被称为"同调"。同调被认为是孩子发展人际关系和自身成长的基础，最常见的同调状态就是游戏，当父母放松时，更能以幽默和游戏的方式呈现对孩子的期待和要求。

比如我陪儿子写作业时，约定学习一个时段之后休息 5~10 分钟，休息之后再次回到学习状态时，就需要一些提醒。这时我会和儿子玩"我是机器人"的游戏。

我把儿子背在身上，他来指挥我往前、往后、往左、往右移动。我偶尔会故意走错方向，儿子哈哈大笑，最后他会指挥我回到他自己的房间，很自然地开启下一个学习时段。游戏让我们彼此都保持了轻松愉悦的状态。游戏和欢笑也让儿子的大脑处于活跃的、高效的状态，学习起来更轻松。

笑声非常具有疗愈作用。游戏中的哈哈大笑，会让父母和孩子的心理产生一种美妙而特殊的化学反应，激活彼此间的情感纽带，让联结更紧密。这些体验构建了一个安全基地，让父母和孩子能够更好地应对挫折和挑战。

第二，能够更放松地看待孩子成长过程中的挑战和错误。父母和孩子的情绪会相互影响，父母先放松下来，孩子会更容易放松地看待问题。如果孩子犯错时父母的反应是放松的，孩子就会通过父母的反应学习到：犯错误其实没那么可怕，反而可以得到一次成长和提高的机会。对于这部分内容，我们会在"第 11 天"中展开探讨。

第三，放松是一种可以通过刻意练习不断提高的能力。如果你觉得紧张和焦虑了，可以停下来问问自己，我的紧张和焦虑情绪是哪里来的？我真正在意的是什么？我的担心和焦虑是不是真的会发生？也可以通过前文提到的情绪触发点记录表对自己的情绪根源持续地进行探索，坚持一段时间，就可以习得"放松"这种能力了。

秘籍四：发展对孩子的好奇，而不是想当然地"我以为"

对孩子的好奇意味着父母能够放下身段，站在孩子的角度去看问题，而不是用自以为正确的经验去要求孩子。

对孩子的好奇，是以"我不知道"的心态探索孩子行为背后的内心世界，包括孩子的生理和心理状态、愿望和想法、情绪和情感、态度和认知、先天气质、学习风格、意图和价值观等。

对孩子的内心世界保持好奇，接纳孩子原本的样子，承认那是孩子自我的一部分，对父母来说是很大的挑战，却也是建立亲子关系非常重要的部分。

我在接受叙事咨询督导时，对好奇心这一点感触颇深。咨询师对来访者生命故事的好奇，让来访者成为自己生命故事的主人，这一点也可以应用在父母对孩子的养育中。让孩子成为自己生命故事的主人，书写自己的生命故事，父母是孩子生命故事最重要的读者。

小叶妈妈性格急躁，经常忍不住催促孩子。虽然她也在持续学习养育知识，对自己的模式有一定的觉察，但难免会有知道却做不到的时候。小叶爸爸则完全相反，是一个慢慢悠悠的人，用小叶妈妈的话说，他凡事慢半拍，但他和小叶的沟通却完全无障碍。

有一次，小叶的爸爸妈妈一起回到家，发现小叶正在用电脑看视频，而这个时间并不是他们约定好的可以用电脑的时间。小叶妈妈气不打一处来，忍不住就要冲过去批评孩子，却被慢半拍的小叶爸爸拦住了，他说，我们先看看小叶在看什么吧。

原来，小叶那天的作业是了解鲸鱼。老师要求孩子浏览一些关于鲸鱼的视频和图片，写一篇《鲸鱼的生活习性》观察报告。那一刻，小叶妈妈特别意外，没想到慢半拍的爸爸反而比自己更了解孩子。其实小叶爸爸就是做到了对孩子的行为保持好奇，而不是先入为主地"我以为"。

秘籍五：培养自己的共情能力，设身处地地与孩子站在一起

这里所说的共情，是一种父母和孩子情绪同调的状态，就是让孩子感受到你设身处地地理解他，而不是简单地用言语说出孩子的情绪。

父母可以从三个层面来表达共情：看见、反映和接纳。首先是看见孩子的情绪，然后靠近孩子，看着他的眼睛，让孩子知道你看见了他的情绪，并用语言和动作表达对孩子情绪的接纳。

在这个过程中，非语言信息比语言信息更重要。在我带领的游戏治疗（CPRT）亲子关系培训课程中，父母和孩子"在一起"的4种态度，就是父母对孩子共情时的状态：我在这里，我听见你，我理解你，我在乎你。

因为爸爸工作调动的关系，小春随爸爸妈妈搬到另一个城市，也因此转了学。小春的性格比较内向，又重感情，很长一段时间都是独来独往，没办法融入新的学校和班级。他每天都惦记着和以前的同学视频聊天，学习受到了影响，原本很优秀的成绩有些下滑，老师屡次找妈妈谈话。

小春妈妈非常理解小春的处境，从来没有逼迫小春去交新朋友，也没有因为成绩下滑给小春施加压力。因为小春妈妈也是内向慢热的性格，她理解儿子适应新环境的困难，知道小春只是需要更多的时间去适应。

小春妈妈和小春爸爸商量了一下，决定多花时间陪伴小春。每天放学之后，小春写完作业，他们就一起玩桌游，晚饭后一起在小区散步，周末一起在这个新城市里找各种好吃的、好玩的。有了爸爸妈妈的理解和支持，小春的安全感逐渐建立起来。他知道，爸爸妈妈是他最温暖的港湾。这样过了半年多，小春终于慢慢融入了新的学习环境，心理压力减轻了，他本就优秀的学习成绩也慢慢赶了上来。

要做到对孩子共情，父母首先要学会对自己共情，真实地看见自己的需求和感受。很多时候，父母对孩子的不接纳，本质上是对自己的不接纳。就像小春妈妈，她非常接纳自己内向慢热的性格，对儿子自然也就多了一份理解和接纳。父母看见和接纳自己，是对孩子共情的开始。

秘籍六：用倾听替代说教和要求

有些父母很想为孩子做点什么，却不知道怎样做对孩子来说是最好的，总想用讲道理和说教把自己的人生智慧教给孩子，却忽略了**每个孩子都是独一无二的**，有他自己的生命智慧和想法，他们也需要在父母所提供的安全空间里学会为自己的学习和生活负责。所以，父母需要后退，需要学会倾听孩子，这样孩子自身的生命智慧才能更好地展现。

倾听孩子，不仅要听孩子说出口的，还要"听"孩子没有说出口的。要做到倾听孩子，最重要的是适时地停下来，尤其要在问题出现时及时停下来。停下来，父母才有心理空间对孩子好奇，体会孩子的感受、需求和想法，并让孩子有机会表达自己。父母要修炼"闭嘴大法"，和孩子在一起时多听少说，这一点是发展亲子关系的核心，在对待青春期孩子时尤为重要。

我的朋友南姐和我一样也是讲师，有一年冬天，她因为咽部囊肿做了手术，两星期不能说话。在每天接送儿子上下学的路上，她都会听到儿子喋喋不休地说个没完。在那两星期里，她听到了很多以前从没听儿子说过的话，也了解了儿子的很多想法。

其实中间有无数次她都忍不住想说教，但因为做了手术不能说话，她只能听着。有一次听着听着，她忍不住泪流满面。她说，如果不是因为这次手术，她可能永远不会意识到自己过去从来没有认真地倾听儿子。

▶ 自驱小马达：特殊游戏时光

关于如何开启"特殊游戏时光"，我们可以尝试这样跟孩子说：

爸爸（或妈妈）现在有15分钟时间可以单独和你在一起。这15分钟的时间里，我不会看手机，也不会管其他事情，由你来决定做什么，或者玩什么游戏，这是我们的特殊游戏时光。

下面是特殊游戏时光五步法。

第一步，一对一陪伴。一位家长只陪伴一个孩子，如果家里有多个孩子，一定要提前安排好其他孩子，确保他们不来打扰。这是专属一个孩子的特殊时光。

第二步，全情投入。放下手头所有的事情，把手机设置静音或放到其他房间，避免任何打扰，给予孩子全身心的关注！

第三步，时间限制。提前约定好陪伴时长并在开始时使用计时器。考虑到父母的注意力，可以从比较短的时间开始，再逐渐加长。

第四步，让孩子可预期。安排在固定的时间段进行，并写入日程表。可以是每天放学后15分钟，也可以是每周六早上1小时。如果孩子知道这个特殊游戏时光是可预期的，会更加受益。

第五步，让孩子做主。只要不是太危险或成本太高的事情，都可以让孩子决定做什么，这是特殊游戏时光最重要的因素，如果孩子不知道做什么，可以问他希望爸爸（或妈妈）陪他玩什么游戏。

第二部分

如何让孩子学会高效学习

厘清陪伴误区，重视孩子的感受

为了孩子的学习，父母会忍不住做很多事。比如送孩子上培训班，帮孩子制订学习计划，陪孩子写作业时不时地纠正孩子的错误，耳提面命地督促孩子，其实这样做很可能并不能帮助孩子。没有觉察、不能知己知彼的父母，反而可能破坏孩子的学习感受。

情绪认知、表达和调节能力，是孩子高效学习的基础

▶ 父母需要提高自己的情绪敏感度

父母很容易忽略情绪因素对孩子学习的影响。科恩博士在《游戏力Ⅱ》一书中总结了 9 种常见的童年焦虑，包括依恋与分离、社交焦虑、"床下的怪物"、生活中的危险、创伤性恐惧、刻板、过度取悦他人、生与死、各种烦恼等。

在孩子早期的生命经验中，父母回应孩子情绪的方式对孩子的发展起到决定性的作用。孩子最早就是在家庭中学习情绪的。**父母对孩子情绪的敏感度，很大程度上会影响孩子情绪能力的发展。**

儿童精神病学家唐纳德·温尼科特就曾说过：抚养一个孩子成长为情感健康、可与他人形成健康联结的人，需要父母给予一定的情感互动、共情和持续关注作为燃料。缺失这种必要的情感联结，孩子可能也会成功，但总是会感觉自己内心空虚，就像缺失了什么重要的东西。他们苦恼、挣扎，却没人看得见。

情绪被长期忽视的孩子会发生什么状况呢？

《被忽视的孩子：如何克服童年的情感忽视》一书中提到：童年长期被父母"情感忽视"的孩子成年后容易产生各种心理问题，比如空虚感。每个人或多或少都会有一些空虚感，但长期遭遇情感忽视的人长大后会不停

地寻找刺激、不停地更换目标、寻找生命的意义，到头来却发现，自己内心的"情感之桶"永远装不满。

有时候，父母并不是故意忽视孩子，他们尽其所能地向孩子表达爱，却用错了表达方式，反而忽视了孩子的情感需要。

有一位很成功的企业家妈妈来参加我的家长课，课程结束后她讲了一段话说："我曾经以为，给女儿创造好的物质条件，给她准备足够多的嫁妆，让她这一生衣食无忧，就是给她最好的爱。但我却忽略了，女儿更需要的，其实是妈妈的陪伴。"

孩子的天生气质也会影响到父母对孩子情绪的敏感度。有些孩子的反应强度比较大，一感到不舒服或不开心就表现得很明显，比较容易引起父母的关注；但有的孩子比较能忍耐，即使自己很难受也表现得若无其事，父母看到孩子一切都好，却不知道孩子的内心世界早已经翻天覆地了。

还有一种类型的孩子需要引起父母特别的重视，就是那种每天笑呵呵的，看起来好像没什么烦心事，学习成绩又好，人缘也好，又有礼貌，特别让父母省心的孩子。这类孩子习惯于展示自己快乐的一面，在父母面前报喜不报忧，其实他们可能压抑了自己的真实感受。

"微笑抑郁症"是抑郁症的一种，是多发生在都市白领或服务行业从业者身上的一种新型抑郁倾向。由于"工作的需要""面子的需要""礼节的需要""责任的需要"等，他们白天大多数时间都面带微笑，但这种"微笑"并不是发自内心深处的真实感受，而是一种职业需要，是一种负担，久而久之，他们便产生了抑郁倾向。

在一次家长课上，一位爸爸说，女儿自从上了小学，就出现了点头、眨眼、吸鼻子等抽动症状。去医院检查也查不出任何问题，但孩子就是控制不住，越提醒她反而症状越严重。这位爸爸说，女儿其实很优秀，从小到大都是别人眼中的好孩子。自己完全不能理解女儿为什么会出现这种情况。

这个女孩有个姐姐。用这位爸爸的话说，姐姐从小到大特别不让人省心，反应有点迟钝，学习成绩一直在班里垫底，父母对这个孩子非常失望；而妹妹聪明伶俐，性格活泼，学习也很好，完全不用父母操心，所以妹妹一直都是被表扬的那一个。

其实这正是问题的症结所在。妹妹从小到大一直活在"优秀"的光环和压力下。为了维持自己在父母眼中"优秀"的样子，孩子会无意识地隐藏自己的情绪，表现得一切都好。久而久之，当情绪过载时，被压抑的情绪就会在身体和行为上表现出来。

所以，不只是"差生"标签和批评会给孩子造成压力，"优秀"标签和表扬同样会给孩子造成压力。

炎静是家里的老大，是父母眼中懂事的女儿、弟弟妹妹眼中的榜样，更是老师同学眼中品学兼优、聪明好学的优等生。从小到大，"懂事""聪明"这些标签一直跟随着她，谦让、委曲求全成了她的优点。参加工作后，她又成了同事眼中的"女汉子"，遇到什么事情都是自己解决，很少向他人求助。

一次家长课的体验活动，让她产生了不一样的感受。原来，从童年开始，为了维护"懂事"这个标签，她一直在委屈和压抑自己的真实想法，不敢表达自己；上学时，遇到搞不懂的数学题，她从来不敢去问同学和老师，好像向别人求助和请教，就表明自己不再"聪明"和"懂事"了；结婚后，即使往饮水机上搬水桶这类重体力活，她也是自己干，用她的话说，她是凡事靠自己，一个人坚强惯了。

　　说到这里，有点心疼她，真心希望每个孩子都能在父母面前展现自己的脆弱和真实，这需要父母为孩子提供一个安全的、可以自由表达的空间。

▶ 发展孩子的情绪能力

　　孩子的反常行为和情绪爆发都是在向父母发出求救信号。但有的孩子有什么事从来都不说，父母怎样才能知道他是否需要帮助呢？

　　当孩子没有学会怎样合理地表达情绪时，会出现发脾气等行为，还会因此受到父母的批评和指责。久而久之，孩子表达情绪得不到回应，就开始压抑自己，不再向父母表达自己的情绪了。

　　作为父母，我们自己并没有上过"情绪"这一课，很难做到识别孩子没有明确表达的情绪，甚至在孩子明显表现出情绪时，也没有放在心上。从现在开始，父母可以和孩子一起补上这一课。儿童心理学家研究表明，父母与孩子谈论情绪越频繁，孩子的情绪能力发展得越好。谈论情绪包括日常生活中父母和孩子讨论情绪的话题，回应孩子的情绪，陪孩子读书时和孩子一起体会人物的情绪，分享彼此的感受等。父母可以把和孩子谈论情绪变成日常生活的一部分，持续一段时间，就可以看到孩子对情绪的敏感度在不断提高。

　　我从儿子1岁多开始，每天睡前都会和他一起谈论情绪。

　　1岁多，咿咿呀呀地指着情绪挂图，是他认识情绪的开始。

　　4岁多，他第一次主动告诉我，没能当上国旗下的小主持人，他很伤心。

6 岁多，他第一次当上了国旗下的小主持人，我们俩都很兴奋。

7 岁多，他已经可以很自如地和我谈论情绪了。比如交到新朋友时的开心和满足，换老师时的不舍和难过等。

《儿童心理学》一书中总结了孩子发展情绪能力的三个重要方面。

（1）要意识到自己的情绪状态。孩子需要知道他们会有生气、害怕、害羞等情绪。这些情绪在什么情况下会发生？内心的感受是怎样的？怎样称呼这些情绪？这些都是孩子发展成熟之后才具有的复杂能力，但均源于生命早期的经验。

（2）控制情绪的外在显露。这需要父母教给孩子用合理的和健康的方式表达情绪。不同的社会和文化背景下可接受的情绪表现不同。孩子需要学会把内在情绪和外在显现区分开来，这是社会化的重要组成部分。

（3）看出他人的情绪。当自己的情绪可以被很好地看见，并得到健康的释放和流淌时，孩子就会逐步发展出从他人的外在行为中"读出"其内在情绪的能力。这是社会关系的本质要素，很大程度上会影响到孩子在社会交往中如何解读他人的情绪，并做出相应的反应。

孩子无法靠自己发展情绪能力，他们需要在关系和情境中学习。只有在人际交往中，孩子才有机会去观察别人是怎样面对和处理情绪的，以及自己的情绪和行为怎样影响了他人。这样的体验最初来自孩子与父母的互动。

父母可以有意识地借助真实情景与孩子讨论情绪，从而帮助孩子发展情绪能力。比如发生了某个情绪事件，或者在马路上遇到了一些场景，或者读一些相关主题的书，都可以用来跟孩子讨论情绪。在我的线下工作坊中，我会通过一些问题帮助父母梳理情绪，帮助父母分清哪些情绪是自己的？哪些情绪是孩子的？这些问题也可以在家里运用。

第一步，描述具体场景，发生了什么事情。这一步只是描述就可以。

第二步，父母先说一下自己在这个场景中有哪些情绪，具体描述这些情绪，并觉察在这些情绪背后自己在意的是什么。父母需要真实地面对自己的情绪，为孩子做出示范。

第三步，再让孩子说一下在这个场景中他有哪些情绪。如果孩子说不出来，可以借助情绪卡片，把情绪卡片逐张放到孩子手里，让他体会一下自己有没有这种情绪。重复这个过程就可以不断提高孩子对情绪的敏感度，并逐步认识情绪。当父母和孩子谈论情绪成为一种日常活动，孩子的情绪能力就可以在不知不觉中得到提高。

有一次，儿子的作业特别多，很晚了还没写完。他觉得压力特别大，简直写不下去了。他突然抱着枕头来找我，对我说："妈妈，我们来打一架吧。"那一刻我特别欣慰，他感受到了自己写作业时的压力，并且想到了通过打闹游戏释放自己的压力，好让自己调整到最佳状态再去写作业。

对学龄期的孩子来说，打闹游戏是一种非常好的亲子间的情绪调节方式。打闹游戏不仅可以帮助孩子健康地释放情绪，让亲子联结更紧密；还可以帮助孩子发展各方面的情绪能力，包括自我调节能力、专注力、冲动控制、自信心和抗挫力等。关于亲子打闹游戏，我们会在"第12天"中详细介绍。

▶ 自驱小马达：睡前情绪分享

每天睡觉前留出15分钟和孩子分享当天的心情，会让孩子受益终身。

妈妈先来分享自己的情绪，并简单介绍引发自己情绪的场景，给孩子做个示范。然后邀请孩子分享他的情绪。可以使用情绪挂图或情绪卡片作为辅助。

睡前情绪分享要注意以下事项。

第一，父母一定要先主动分享，这对孩子是一种示范。其中要包含正向的情绪，也要包含负向的情绪，这可以让孩子从父母的分享中学习到：每个人都可以有各种情绪，所有的情绪都是被允许表达的。

第二，一开始时，如果父母分享完了，孩子不愿意分享自己的情绪，也不要着急。孩子打开自己需要时间，也需要对父母有足够的信任，父母只需坚持每天分享自己的情绪，耐心地等待孩子打开心扉。

第三，听完孩子的分享之后，不要问太多问题，更不要趁机批评和说教。无论孩子分享什么，记得对孩子只是好奇地倾听就可以了。如果忍不住说教，只会让孩子觉得不安全，下次他就不愿意分享了。

第四，把睡前分享当成一个睡前惯例。即使遇到孩子有明显情绪的那几天，也不要有目的地追问孩子，而要像日常分享一样。孩子觉得安全了，自然愿意主动表达。

学习计划总是不了了之？你需要培养孩子的目标感

▶ 制定清晰的学习目标

如果你去问身边的朋友："你今年的目标是什么？"可能很多人是说不出来的。

每年年初，很多人都会信誓旦旦地立下新一年的目标，但最后大多是不了了之。同样的情况也发生在孩子身上，暑假计划一开始规划得特别好，但能坚持到最后的少之又少。

但如果你去问一名销售人员，他这个月的销售目标是多少？他不但可以告诉你他这个月的销售目标，他还能告诉你这个季度的、这一年的销售目标，而且还可以清楚地告诉你他在去年同期的实际销售达成，以及今年的增长率是多少。

很多人对销售人员的印象是，他们永远充满激情和斗志，即使遇到困难，他们也会想尽办法去解决。在这背后，清晰的目标起了非常大的作用。

写这本书时，是我从世界 500 强外企转型到家庭教育的第 7 年。很多人都很好奇，看起来这是两个完全不相关的行业，我是怎么坚持下来，并且做得还不错的。其中一个很重要的原因就是，我曾经有 8 年的销售经验，在职业发展这件事情上，我有着很强烈和清晰的目标感。

作为父母，你对自己的养育目标是否清晰呢？你想培养一个怎样的孩子？希望他拥有哪些特质？

想象 20 年后，面对已经成年的孩子，你希望他身边的人用哪些词汇来形容他呢？自信、阳光、情绪稳定、自律、有目标感、温暖、有能力……花点儿时间厘清自己的养育目标，是一件非常值得做的事情。

父母清晰了自己的养育目标，更容易在养育中保持放松的状态。

我们先来厘清一下"计划"和"目标"的区别与联系。百度词条关于"计划"是这样描述的："计"的表意是计算，"划"的表意是分割，"计划"从属于目标达成而存在。"计划"是分析计算如何达成目标，并将目标分解为子目标的过程。而"目标"指的是工作或计划中拟定要达到的标准。

简单来讲，计划是为目标服务的。所以，在生成任何计划之前，首先要弄清楚你要达成的目标是什么。从小培养孩子的目标意识，训练孩子制定目标的能力，不仅可以激活孩子的学习自驱力，还可以让孩子在成年后更容易争取到自己想要的生活。

1954 年，德鲁克提出了一个具有划时代意义的概念——目标管理（Management By Objectives，MBO），最早应用在企业管理中。美国管理学家乔治·多兰（George Doran）教授在 20 世纪 80 年代提出的 SMART 原则是专门帮助人们撰写目标的标准，符合 SMART 原则的目标更容易执行。

虽然对父母来说，不断厘清自己的养育目标是一个过程，但孩子的学习目标是可以使用 SMART 原则进行清晰制定的。

原则一，明确性（specific，S）。用具体的语言清楚地说明要达成的行为标准。"暑假把课本复习一遍"这个目标不够具体，"用两周时间针对数学课本的每一章画出一张思维导图"这个目标就是具体的。

原则二，可衡量性（measurable，M）。目标应该是明确的，而不是模糊的，要有明确的数据或具体形式作为衡量是否达成目标的依据。"复习一遍"无法衡量，但"每章画出一张思维导图"就是可以衡量了。

原则三，可实现性（attainable，A）。在付出一定努力的情况下可以实现，避免目标设立过高或过低。一个好的目标是孩子跳一跳就能够到的。目标太高会让孩子丧失信心，目标太低则没有挑战性，要结合孩子的实际情况调整目标高度。每个孩子都是独一无二的，符合孩子的目标也是独一无二的。

原则四，相关性（relevant，R）。目标的相关性是指实现此目标与其他目标的关联情况。如果其他目标与此目标的实现完全不相关，或者相关度很低，那么即使这个目标达到了，意义也不是很大。比如，目标是"写一手好字"，如果这个目标与其他事情无关，就会变得枯燥，难以坚持。但是我们可以让孩子知道，从长远看字如其人，是留给他人的第一印象；从眼前看，它可以让你的作业和卷面更加整洁，给老师留下好的印象，提升学习成绩。

原则五，时限性（time-bound，T）。没有时间限制的目标，不能称之为目标。短期的目标实现对孩子来说是一种反馈，完成目标的正向反馈会激发孩子愿意主动做更多。需要注意的是，对于年龄较小的孩子，目标周期不能太长，可以从一周、两周开始制定。

孩子有了目标，就有了方向，也就有了行动指南。一个符合 SMART 原则的目标是非常重要的。

小樱的舅舅是学校的教导主任，隔三岔五就会请小樱吃饭，受小樱父母之托"鼓励"小樱好好学习。小樱说，在她整个高中阶段，印象最深刻的就是舅舅说的那句话：要考咱们就考清华北大！舅舅本想通过清华北大的目标激励小樱，没想到反而让小樱压力巨大。

因为小樱的成绩在班里只能算是中等偏上，考清华北大根本不现实。那时，如果有人可以从小樱的实际情况出发，帮助小樱制定一个跳一跳就可以够得到的目标，支持小樱做更多有效的努力，相信她的学习成绩一定会更好。

过高的目标对孩子来说往往是一种压力，无法达成的目标只会增加孩子的挫败感。而合理的目标会让孩子更有方向和动力，完成目标会让孩子产生正向的感受，更有学习自驱力。

丁丁上高三时，用 1 年的时间把数学成绩从 35 分提高到了 148 分。她把目标进行了分解，每个课间都主动问一道不会的题，然后举一反三做几道类似的题。这样坚持了 1 年，丁丁的数学成绩得到了质的飞跃。这段逆袭的经历让她对自己信心满满，她相信只要有目标，就一定可以达成。

▶ 把目标分解为可视化的行动计划

父母可能会担心孩子不接受父母给他制定的目标，不愿意执行。父母要明白，学习目标是孩子的目标，孩子才应该是目标制定的主体。

首先，关于目标的沟通和分解。

一个好的目标应该是孩子认同的目标，而不是父母强加给孩子的。父母可以把给孩子定的目标作为一个初稿，用这个初稿去和孩子沟通。

沟通目标的过程需要符合自我决定理论，满足孩子的自主需求、胜任需求和归属需求。只有满足了这三个需求的目标，才能成为孩子认可的，愿意主动执行的目标。

自主需求是指让孩子参与目标的制定，并给孩子一定的控制权和选择权；胜任需求是指目标是孩子的能力可以达成的，符合孩子当前学习的难度水平。归属需求则与关系相关，指这个目标能否让孩子产生价值感。

在一年级下学期的暑假，我第一次和儿子谈假期的复习目标。

我们先是尝试了一下，确定孩子可以用一天时间完成1章的思维导图，然后才去和他沟通目标。（这一步主要是确保难度适中，考虑孩子的胜任需求。）

沟通过程如下。

我：你觉得用多长时间可以完成一年级下册语文和数学课本的思维导图？

儿：（把书从头到尾翻了一遍）数学是9章，语文是8章，一共17章。

我：如果每天1章，我们需要17天。如果从7月10日开始（看日历），需要持续到7月26日。你想怎么安排呢？先做语文还是先做数学？或者数学语文交替做？

儿：先完成语文，再完成数学。

我：你想早上完成，还是晚上呢？

儿：每天晚饭以后做。

（以上沟通过程给了孩子选择项，并让孩子参与决定，考虑了孩子的自主需求。）

我：好的，我们来画一下目标跟进计划表吧，我画横线，你画竖线。

……

我：你想给你的复习目标起个什么名字呢？

儿：我和小猫咪的暑假复习目标。

我：（在表格上面写下"我和小猫咪的暑假复习目标"。）

我们来回顾一下这个过程：我先是花时间给儿子讲解了如何画思维导图，并画了一张作为示范。他是思考型的孩子，思维导图是呈现他思考的一种非常好的方式。

我们接下来测算了他画思维导图大概需要的时间，语文每章需要2个"番茄钟"（每个番茄钟20分钟），数学每章需要1个番茄钟。

这一步充分考虑了孩子的胜任需求，确保他是可以做到的。这是父母非常容易忽略的一点，很多父母对孩子有要求，却从来没有告诉过孩子具体该怎么做，也没考虑过孩子能否做到。（关于"番茄钟"的使用方法，以及思维导图的详细做法，我们会在"第17天"和"第21天"中详细介绍。）

然后，我通过提问，让孩子参与了目标的制定过程，让他自己选择完成时间、顺序，参与画图和给目标命名，充分满足了孩子的自主需求。（可以根据孩子的年龄决定让孩子参与的程度，以及做决定的大小。低年龄，小选择；高年龄，大选择。）

最后，我每天会把儿子画的思维导图拍照发到我的家长课微信群里。一方面，激励其他父母带动自己的孩子行动起来；另一方面，我也会把其他父母的反馈告诉儿子。我告诉他，通过展示他的思维导图，会让更多的父母和孩子一起行动起来，用思维导图的方法进行高效复习，儿子非常开心。

我还专门把儿子的思维导图拍照放到我的课程PPT中，特别感谢他为我的课程及本书提供了素材，同时，这也满足了他对归属感和价值感的需求。

其次，关于目标的跟进和可视化。

目标沟通好了，怎样让孩子能记得目标并主动完成呢？根据脑科学的研究，大脑更容易记住图像而不是事实，增强记忆的方式是把需要记忆的内容变成图像，进行可视化。父母可以和孩子一起把目标分解为每天的行动计划，并且用图表的形式展现。

我在和儿子制作"目标跟进时间表"（见图9-1）时，特地让他先完成了2章的思维导图，所以图中小猫咪的起点是0，他的起点是2。我告诉儿子，只要你坚持每天完成1章，就可以一直比小猫咪的进度领先2章。这样做的目的是让儿子更放松，内心更有力量感。

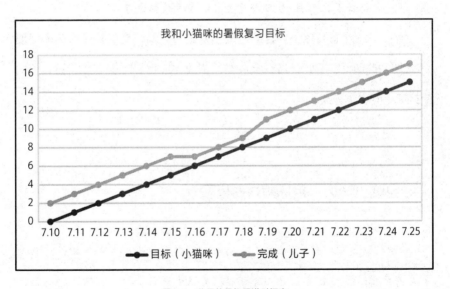

图9-1　儿子的目标跟进时间表

在目标跟进过程中，父母不要过多催促和提醒。除了通过提问和孩子提前确认好每天的完成时间，还可以问孩子是否需要提醒，以及用什么方式提醒等，给孩子充分的自主选择权。另外，根据孩子的性格特质，在目标执行过程中可以采用不同的处理方式。

我儿子属于坚持度比较高的孩子，对这种特质的孩子，养育重点之一就是培养孩子的灵活性。坚持度高的孩子一旦认同了目标，是比较容易坚持的，甚至会有点固执，当天的目标完不成，他会非常苛责自己。

7 月 16 日那天，儿子参加夏令营回来，晚上非常累，他不想做当天计划完成的思维导图了，但又非常纠结。我意识到这是培养孩子灵活性的一个非常好的机会，于是我和他一起站在"目标跟进时间表"前，让他看到，即使今天没完成，也还可以领先"小猫咪"1 章。而且如果下周有时间，还可以多做 1 章，把今天没完成的补上。听到我这么说，儿子明显放松了许多，于是他选择了在 7 月 19 日那天主动补齐了计划进度。

对于坚持度低的孩子，目标一定不要定得太高，确保孩子每天不需要太费力就能完成；不要轻易调整节奏。孩子完成目标才会有成就感，他的坚持度才能逐步提高。

▶ 自驱小马达：目标跟进时间表

和孩子一起制定目标跟进时间表，可以手绘，也可以打印，重点是要让孩子参与制定。这样既可以满足孩子对自主性、胜任感和归属感的需求，让孩子成为目标的主人，还可以确保目标的完成，培养孩子对目标的尊重感。

"我们一起把目标画出来吧，每天完成之后及时做标记，这样可以确保我们的目标如期完成。"

制定"目标跟进时间表"要注意以下事项。

（1）醒目地张贴出来。把"目标跟进时间表"挂在家里明显的地方，让孩子抬头可见，并约定每天固定时间更新完成情况。

（2）一次只选一个目标。对父母来说，希望孩子提高的学习内容很多，但请注意同一时间段只选择一个目标，完成之后再进行下一个。记住：目标都完不成等于没有制定目标。

（3）简明扼要。只体现最关键的数据，比如图9-1中只显示了每天1章的数量，并没有其他的复杂数据（比如完成时间和完成标准），越简单，越聚焦。

（4）目标是用来完成的，不是用来挑战的。不要沉迷于让孩子挑战目标，制定目标是为了让孩子"跳一跳"可以完成，而不是用来挑战孩子的。

（5）给孩子找个"伴儿"。这里所说的"伴儿"可以是真实的人，也可以是孩子喜欢的小动物、小玩偶，还可以是虚构的形象。目的是让孩子清晰地看到自己是否完成了。

学习兴趣不只是好玩，
更来自"我能感"和"心流感"

▶ 大脑差异，让男孩女孩大不同

邻居小丽提醒女儿写作业时，女儿会说："妈妈，你不要总是提醒我，那样我的压力会很大的。"我儿子的反应则完全不同，他会一边答应着，一边去干别的事，男孩往往不像女孩那样直接表达自己的感受。

在这一部分，我们来谈一下男孩和女孩的不同。

看起来，女孩比男孩对学习更感兴趣。女孩坐在教室里学习时，在家里写作业时，男孩可能在操场上呼朋唤友、汗流浃背。体育运动似乎是男孩的强项。

谈到女孩，人们经常会用到的形容词是"聪明伶俐、口齿清晰"；说起男孩想到的则是"沉默寡言、有攻击性"。其实，这与男孩和女孩的大脑结构不同有很大关系。

《男孩女孩学习大不同》一书中提到，男孩和女孩的大脑存在许多不同之处，这决定着男孩和女孩的学习方式大不同，主要体现在以下几个方面。

女孩的语言能力发展得更早一些，因此女孩侧重于依靠语言表达与人沟通；而男孩侧重于依靠非语言方式与人交流，他们不太能像女孩那样，遇到事情能快速地用语言表达感受、做出应答。

女性大脑有两方面的功能比男性强：一是记忆存储量，二是感官信息摄入量；而男性大脑也有两方面功能比女性强：一是空间任务处理能力，二是抽象推理能力。

女性大脑能通过感官摄入并处理更多的情绪信息，而且能处理得更彻底，并能更迅速地将其转换成语言；而面对同样的情绪信息量，男性通常不能像女性那样引导自己的大脑迅速处理好，并将其转换成语言。男性这种没有及时得到处理的情绪有可能导致他们当天的学习效率大打折扣。

了解到这些差异，我们更容易理解男孩和女孩在学业上的不同表现，帮助他们取长补短，发挥自己的优势。总的来说，女孩学习更刻苦、成绩更好，上课时更容易坐得住；男孩总是动来动去，成绩没有女生好，上课时更容易出现小动作。不被关注的女孩学习不一定不好，但被忽略的男孩大概率成绩会偏低。

对于女孩，建议增加她们的运动量，让女孩多运动，有助于刺激她们的大脑皮层发育，提升她们的空间认知，也会让她们更有力量感。对于男孩，建议帮助他们训练专注力，增加阅读量，让他们能够安静下来，有助于刺激他们的左脑发育，提升他们的语言能力。

在学习上，男孩更容易被贴上"调皮捣蛋"的标签，为了帮助男孩提高学习兴趣，以下 10 条建议供男孩的父母参考。

（1）**建立良好的安全依恋关系。**安全稳定的情感联结，对男孩在学习上建立安全感至关重要。

（2）**把运动和学习结合起来。**男孩在学习的时候喜欢动来动去，他们只是借此来控制和释放"动能"，帮助大脑"提神"而已。

（3）**动手操作，增加触觉体验。**男孩感知声音的能力较差，尤其对言语的感知力较差，需要更多的触觉体验来帮助大脑进入学习状态。

（4）**用列表的方式帮助记忆。**男孩需要花更多时间来记忆课堂上的内容，把大量信息以列表或统筹分类的方式组织在一起，男孩更容易记住。

（5）**帮助男孩进行深度学习。**男孩在专注于单一任务时表现更好，而切换太快则会表现欠佳。另外，深度学习还会让男孩更自信。

（6）**有意识地增加读写内容。**从亲子阅读开始，把阅读变成家庭传统，通过家庭内的语言文字类游戏提高孩子的读写能力。

（7）**帮助男孩爱上音乐。**对于天生寡言少语的男孩来说，把语言（歌词）和音乐联系起来很有帮助，通过节奏、旋律和歌曲帮助男孩进行语言学习。

（8）**减少看屏幕时间。**研究表明，被动的、高度机械的刺激，即看着图像在屏幕上移动，对大脑学习的消极影响可能是终身的。

（9）**足量的室外活动。**孩子在活动时，可以通过触摸和感觉，运用精细动作和大动作的运动能力来学习，这样也有助于他们释放能量和情绪。

（10）**充足的睡眠。**休息得当可以减少过度刺激、百无聊赖和行为出格的情况，让大脑重新专注于学习。

有很长一段时间，我儿子生命中最重要的事情就是音乐和社交。每次出行，他的电话手表就一直播放着各种音乐，有时候是中文，有时候是英文。当我发现他正对着歌词练习唱歌时，我意识到，这是一种非常好的通过音乐练习听力、识字和表达的方式，有助于帮助男孩提高语言能力。

▶ 从兴趣开始，培养"我能感"和创造"心流"体验

让学习变得好玩，是不是孩子对学习就更有兴趣了？

如果孩子在上小学前只是通过好玩的方式学习，进入小学后会不会对学习丧失兴趣？

都说"兴趣是最好的老师"，为什么孩子自己要求报名的钢琴班，也一样坚持不下去？

你是不是也有同样的问题？其实，**"好玩"**传递的是一种面对学习时的**轻松态度**。从孩子的兴趣出发，确实可以在一定程度上让学习变得更轻松。

嘟嘟是一个酷爱恐龙的小男孩，提起恐龙，嘟嘟简直是个小专家。妈妈给嘟嘟买了很多恐龙玩具和关于恐龙的图书。

嘟嘟的阅读量非常大，但进了小学后写作文却成了嘟嘟的难题。妈妈特别不能理解，为什么阅读量足够大的孩子却还是不会写作？

这里要指出一个认知误区，阅读量大并不直接导致写作能力强。阅读量大只是为孩子提供了大量的写作素材，但是如何把这些素材应用到自己的作文中，还是需要练习的。

有一次老师要求学生写一篇童话故事作文。嘟嘟妈妈灵机一动，提醒嘟嘟可以以恐龙为主角写这篇作文。嘟嘟一听要写恐龙，马上来了精神。妈妈说："你来想象一下，如果你不小心回到了恐龙时代，变成了一只小恐龙，会发生什么呢？"嘟嘟和妈妈聊得热火朝天，最后把自己想象的故事整理到了作文簿上，一篇"我和恐龙"的童话故事就产生了。

这让嘟嘟有了成就感，对作文没那么恐惧了。原来从兴趣出发，真的可以让孩子的学习变得更加轻松。

孩子在没有压力、没有学校、不需要考试的情况下，只愿意学习使他们快乐的东西。

但现实是，多数情况下，孩子必须学习自己不想学习的东西。作为父母，要努力帮助孩子发掘使他们愉快的东西，并尽力支持他们。父母对孩子的兴趣爱好支持和鼓励得越多，孩子对不感兴趣的事情的忍耐性也就越高，对孩子的发展越有利。

从这个角度讲，只有兴趣是远远不够的。孩子天生具有好奇心和求知欲，这是他们最初探索或尝试某件事情的动机。他们很容易被好奇心驱使而对一个事物感兴趣，但往往只有"三分钟热度"。父母的任务，就是帮助孩子把兴趣变成热情。

把兴趣变成热情，有两点非常重要，即培养"我能感"和创造"心流"体验。

第一，不断提高能力，把感兴趣的事变成擅长的事，培养孩子的"我能感"。

能力的培养需要刻意练习。刻意练习指向长期记忆，可以从本质上解决"三分钟热度"的难题。而刻意练习需要难度适中、能收到反馈、重复次数足够多的练习，以及学习者能纠正自己的错误等。这些仅靠孩子自己是没办法完成的，需要父母的陪伴和支持。在这个过程中，父母承担了多重任务。

（1）帮助孩子制定难度适中的目标，确保练习过程做到正确、有效的重复，必要时寻求老师的支持；

（2）帮助孩子确定日程安排，确保每天的练习能够如期完成；

（3）对孩子的进步和成长给予肯定和鼓励的正向反馈；

（4）在孩子有情绪时，接纳孩子的情绪，为孩子提供情绪支持。

我儿子从小学一年级开始学习双排键。原因是他看了一个视频，觉得弹奏双排键很酷，就萌生了学习的想法，表现得很有兴趣。我告诉他，虽然弹奏双排键看起来很酷，但练习的过程并不轻松，会有些枯燥，你需要很多次的重复练习。

我给儿子打了"预防针"，让他提前有心理准备。从兴趣到能力提高的过程中，一定会遇到难度的提升。而孩子只有度过了这个阶段，才能从兴趣发展出真正的能力。

第一个月的学习很顺利。到了第二个月，有一天放学后，我们在梳理周末计划时提到了双排键，他突然大哭起来："我不要去练琴！我不要去练琴！"那一刻我知道，他练琴的难度增加了。

大多数孩子的兴趣班都卡在这个阶段。一开始是孩子要求的，但上了一段时间就开始排斥，父母进退两难：继续上吧，孩子有情绪，效果也不好；不上吧，钱都交了。就算不考虑钱，父母也不希望让孩子觉得"不喜欢就可以放弃"。

我首先对儿子表示了理解。我说："你不想去练琴，是不是因为你的练习越来越难，没有一开始看起来那么酷了？"儿子一边哭，一边点点头。我继续说："是的，妈妈理解，这个过程很枯燥，需要一遍又一遍地练习。这很不容易，妈妈会陪着你练。"当孩子的情绪被看见和理解，并得到充分的流淌，他们的内在智慧和力量感也会恢复，再去练琴就会感到轻松。而父母为孩子提供的情感支持，对于孩子从兴趣到热情的转变非常重要。

除了情绪支持，父母还可以帮助孩子调整任务难度，提高孩子的胜任感。比如一首曲子太长了，可以分成几段来练习。

值得一提的是，很多父母会自己承担起老师的角色。比如与孩子一起学习，帮孩子记笔记，练习时纠正孩子。这样做看起来是认真负责，却往往会给亲子关系带来很大的破坏。父母有一项很重要的任务是对孩子的进步和成长给予正向反馈，而不是纠正孩子的错误。

父母要把专业的支持交还给孩子的老师，让老师给孩子进行专业的纠正，而自己承担好以上4种任务就可以了。

第二，建立健康的多巴胺系统，创造更多的"心流"体验。

在刻意练习过程中，孩子专注于自己热爱且具有一定挑战性的事情，会进入"心流"状态。这是一种全神贯注、高度投入、忘我的状态，注意力高度集中于某一件事，感觉时间过得很快。在这件事情完成以后，会产生一种充满能量并且非常满足的感受。

当孩子处于心流状态时，大脑中包括多巴胺在内的神经化学物质分泌水平激增，让思维更加敏捷，处理信息的速度更快。父母帮助孩子频繁地触发这种心流状态，建立起健康的多巴胺系统，就可以使大脑更具动机和专注力。

《心流》一书中提到，可以造就心流的活动中必须要有挑战，而且挑战应该是动态的、可以与技能匹配的。当挑战目标大大高于个人技能时，就会产生焦虑，此时应该降低挑战目标；当个人技能高于完成设定目标所需的技能时，继续持续这种活动就会产生厌倦，这种情况下便要调高目标。

正是在技能不断提高、目标不断上调的过程中，让孩子感受到成长的乐趣，也培养了他们对学习持续的热情。所以，在刻意练习过程中，父母帮助孩子保持练习任务难度适中，又能使孩子不断提高非常重要。

《自驱型成长》一书中提到：当孩子沉浸在自己最喜欢的活动中时，他们会高兴得忘记所有烦恼。而伴随这些感受而来的强烈内在动机，能够指导与强化他们去努力学习和追求成就，这种影响是其他任何方式都无法实现的。

随着孩子长大，他会选择更有挑战性的活动，达到高内在动机和高专注度的状态。

一方面，父母可以帮助孩子通过刻意练习持续创造心流体验，建立健康的多巴胺系统；另一方面，想引导孩子做你觉得他该做的事，最好的方法就是先给他空间让他做他想做的事。

▶ **自驱小马达：刻意练习计划表**

刻意练习需要难度适中、能收到反馈、重复次数足够多的练习，以及学习者能够纠正自己的错误。根据这几个要素，父母可以有计划地帮助孩子提高某项能力，从而提高孩子的学习兴趣。可以参考"给孩子的刻意练习计划表"（见表10-1）。

表10-1　给孩子的刻意练习计划表

项目	难度适中	提供反馈	足够多次数的重复练习	纠正错误
练字	练习现在课本上的一类生字，因为都是学习过的字，可以减少认知的压力	每天挑出练习中写得好的字，针对性地给孩子反馈 每周把孩子的练习放在一起，让孩子看到自己的进步 每月一次家庭展示	假期每周两次写字课，平日每周一次写字课 每天坚持练字至少半页	给孩子找了一个写字老师，每周对孩子的练字做一次反馈和辅导
……	……	……	……	……

陪写作业总是盯着错误不放，难怪你的孩子排斥学习

▶ 犯错误是学习和成长的好机会

"不写作业母慈子孝，一写作业鸡飞狗跳"，大多数父母只看到了孩子不愿意写作业的行为，却没有认真思考过孩子不想写作业的原因，以及自己的反馈方式给孩子带来了怎样的影响。

我总结了孩子不想写作业的几个可能的原因。

第一，情绪因素。孩子如果被老师批评，和同学发生冲突，考试成绩不理想，产生青春期的各种困扰等，或多或少会影响到他写作业的状态。情绪力是学习力的基础。

第二，对学习和作业产生了负向感受。如果孩子在学习这件事上没有任何掌控感，总是被批评、催促和指责，就会逐渐对自己失去信心，提起学习就觉得没劲，甚至开始讨厌学习。

第三，亲子关系问题导致孩子产生对抗心理。孩子只有在身心都觉得安全时，才会投入学习。如果亲子关系破裂，孩子感受到的是被忽视、"我不重要"。他们会通过和父母对抗来唤起父母对自己的关爱。有时候，孩子的行为本身就是他对问题的一种解决方案。

第四，作业难度太大或作业太多，无从下手。父母期待孩子能够主动写作业，却忽略了写作业对孩子来说是一个复杂的工程，不仅需要记住课

堂内容，还要做好各项准备，合理规划时间，分配任务等。如果一开始就靠孩子自己做到这些，是很难达到预期的，父母需要提供支持，并花时间培养孩子的相关能力。

第五，总有更多的作业在等着他。有的孩子磨洋工是因为他的专注力不好，总是被周围的事情吸引；但有的孩子做其他事情很专注，只要一写作业就磨蹭、找借口拖延，因为他知道，"只要我写完作业，妈妈还会给我布置更多作业"，索性就慢慢磨。

"这个题做得不对，你再好好看看！""这个字写歪了，擦掉重写！"对于这种场景，我们是不是很熟悉？父母总在一旁喋喋不休，看起来是在陪孩子写作业，实际上自己比孩子还着急。

这样做有很多坏处。首先是破坏了孩子的专注力，孩子总是被打断，没办法进入深度思考。而且父母的提醒会让孩子产生依赖，久而久之，他们不再进行独立思考，因为"我妈会帮我指出来"。孩子不再是学习的主体。

更重要的是，父母的反应向孩子传递了一个信念："犯错误是不好的，你不该犯错！"这样一来，孩子写作业时战战兢兢，总是害怕犯错，害怕被父母指责，他们写作业时是带着恐惧的。

父母对"孩子犯错"的反应来自潜意识中对错误的恐惧。也许是自己小时候总是因为犯错被老师或父母批评；也许是同样的错误给自己带来了一些负面影响；也许是某次听讲座时听到演讲者说"不要让错误的印象在孩子大脑中停留太久，要及时改正"。这些声音让父母坚信，出现错误是不好的。带着对"犯错"的恐惧，父母坚信"我必须指出孩子的错误，如果不能督促孩子做得更好，那就是我没有尽到责任"。

但这些经历和感受，是父母自己的，不是孩子的。父母需要放下对犯错的恐惧，才能用更好的方法支持孩子从错误中学习和成长，并为他们自己的学习负责。那么，犯错究竟意味着什么呢？

心理学家马努·卡普尔（Manu Kapur）在 2006 年提出"有效失败"的概念，提醒我们要看到"有效失败"在学习中的重要作用。父母可以借助孩子犯错的时机，和孩子一起回顾，看看从这次错误中可以学到什么。

如果一道题做错了，说明孩子对这道题的知识点掌握得不够扎实；如果总是在某个地方犯错，这个地方就是孩子学习的薄弱环节。所以对错题进行分析整理，可以有效地帮助孩子对知识点进行查漏补缺，犯错就可以成为"有效失败"。

"有效失败"还意味着父母怎样看待自己的错误。心理学家鲁道夫·德雷克斯谈到了"不完美的勇气"，认为父母首先需要改变自己对错误的负面观念，才能为孩子树立"勇于不完美"的榜样。

《正面管教》一书中"矫正错误的三个 R"是树立"勇于不完美"榜样的一个好方法。

承认（recognize）——"啊哈！我犯了一个错误。"

和好（reconcile）——"我向你道歉。"

解决（resolve）——"让我们一起来解决问题吧！"

当我们把犯错看作一个学习机会而不是什么坏事时，它更容易成为"有效失败"。"有效失败"还有助于培养孩子的成长型思维。

▶ 通过反馈培养孩子的成长型思维

儿子 2 岁多时，有一件小事让我记忆深刻。我会让孩子在安全范围内自由探索，所以每次去商场，我都会让儿子自己上扶梯，示范几次之后他完全可以做到。

有一次和家里的老人一起去商场，老人看到孩子要自己上扶梯，急忙拉住他，慌张地说："你可不能自己上扶梯！你还不行！"我不动声色地观察到了这个瞬间。过了几天，我单独带儿子去商场，儿子站在他其实已经独立上过无数次的扶梯前，愣了 1 秒说："妈妈，我还不行，我不能自己上扶梯。"

成年人，尤其是父母的反馈对孩子影响巨大。孩子最初就是从父母的眼睛里看见自己，并逐步形成对自己的认识的。

父母的反馈会影响孩子的行为、自我认知和思维模式。如果父母陪孩子写作业时总盯着孩子的错误不放，会让孩子对作业产生负面体验，排斥写作业；如果父母对孩子总是使用评价式和标签式的语言，比如"五音不全""脑子笨"等，会影响孩子的自我认知；这些反馈会进一步影响孩子的思维模式，时间久了，孩子就会相信"我真的不行，所以我不敢尝试""我数学不好，所以我学也没用"。

这就是典型的固定型思维。拥有固定型思维的人相信人的智力是天生的、不可改变的，所以努力了也没用；他们在意结果而非过程，遇到困难倾向于逃避和找借口，不敢尝试。孩子对错误和考试的看法也体现了他们的思维模式。

小乐妈妈告诉我，小乐平时的考试成绩都非常好。但这次期末考试因为小乐感冒带病上考场，考试成绩远不如平时。小乐妈妈觉得这情有可原，可孩子却一直无法原谅自己，整个假期都闷闷不乐地把自己关在房间里，就连自己最爱的迪士尼乐园也不想去了。

小乐妈妈非常重视小乐的学习成绩，每次考试前都会用各种奖励条件激励小乐好好复习，比如考到多少分就带他去迪士尼乐园。这样的外部激励在很长一段时间内似乎都在起作用，小乐妈妈也没觉得有什么问题。但是这次因为生病导致没考好，小乐的反应让妈妈怀疑自己之前是不是做错了。

还有一个例子也和奖励有关。

小城平时写作业特别磨蹭，妈妈没办法，每次都用小城喜欢的玩具激励他，比如坚持多少天每天都能写完作业就买玩具。但这样的办法很快就失效了，后来即使用玩具来诱惑小城也不管用了。

其实这两个例子都体现了"奖励"对孩子学习自驱力的影响。

小乐妈妈用奖励的方式激励小乐取得好成绩，这让小乐觉得考试结果很重要，却忽略了过程的努力远比结果更重要。小乐过分在意每次考试的成绩，就是陷入了固定型思维的困境。

通过考试，孩子可以对知识进行整合，促进理解和记忆。所以，更应该把考试视为一种有效的学习方式，而不只是对学习结果的检验。

父母需要改变自己对考试的认知，才能培养孩子对待考试的成长型思维。拥有成长型思维的家长认为，通过考试，可以让孩子了解自己这段时间知识学习的薄弱环节，为接下来的学习找到重点。所以，不管考试成绩如何，考试不应该成为学习的结束，而恰恰是提高的开始。

当然，奖励也不是洪水猛兽，适当的奖励会让大脑分泌多巴胺，就好像吃了冰激凌和糖果一样感觉愉悦。但奖励也像冰激凌和糖果一样，偶尔吃一吃是可以的，需要适量，更不能代替正餐。

换言之，奖励不应该成为唯一的反馈方式，如果孩子进入"不奖励就不学习，甚至奖励了也不学习"的状态，就需要引起重视了。那么，父母怎样反馈才能帮助孩子培养成长型思维呢？表11-1列出了有助于培养成长型思维的反馈方式。

表11-1　有助于培养成长型思维的反馈方式

对人的评价、对结果的反馈	对行为的描述、对过程的反馈
你真棒！你太厉害了	我观察到你用了很多种方式去尝试，最后终于做到了，这就叫作锲而不舍
没关系，虽然没考好，妈妈知道你已经尽力了	我们一起回顾下这个过程吧，目标完成了多少？你从中学到了什么呢
你居然考了98分，就差2分，你就不能再细心点	最近这两个月你一直认真复习，还把错题做了回顾，这个成绩是你应得的

我小时候特别喜欢写作。那时妈妈给我买了很多作文选，我会摘抄好词好句用到我的作文中。老师经常把我的作文当范文读，我为此感到非常骄傲，这让我对写作产生了非常积极的感受。这样的正向感受一直持续到现在，我从小学到现在近30年里，从来没有中断过写作。

其实也并不是我作文写得有多好，而是我对写作一直具有正向的感受，这种感受让我对写作产生了源源不断的热情。

父母和老师的肯定会让孩子获得成就感，是非常重要的正向反馈。

▶ 自驱小马达：视觉化反馈法

大脑对图像的记忆更加深刻，父母把给孩子的反馈进行视觉化呈现，既可以帮助父母避免说不出口的尴尬，还可以让反馈效果加倍。比起说给孩子听，更重要的是让孩子看得到。

1. 积极反馈便签：父母对孩子的反馈

每天睡前，爸爸妈妈分别给每个孩子写 1 ~ 3 张积极反馈便签。可以是父母观察到的孩子的正向行为，也可以是孩子的进步和突破。还可以在家里给孩子设置一个积极反馈专区，非常有仪式感地把这些积极反馈便签张贴出来，并念给孩子听。

2. 成功日记本：孩子对自己的正向反馈

让孩子了解自己，看见自己的优势和特质，也需要从小培养。每周约定一个固定的时段，父母和孩子一起回顾孩子的成长和进步，做了什么引以为豪的事情，有哪些突破，对自己有哪些欣赏等，让孩子自己写到特定的日记本上，还可以给这个日记本取个专属的名字。

培养自信心和抗挫力，为什么鼓励和打击都不可行

▶ 用游戏激活孩子的内在力量

小南妈妈说，爸爸每次和小南玩游戏都拼尽全力，甚至会故意制造"情况"让小南输，美其名曰要锻炼孩子。所以每次玩游戏，父子俩都是不欢而散。小南哭闹不止，爸爸则觉得小南太矫情，抗挫力差，自己这样做是为了让他提前适应社会。

小南爸爸这种想法有一定的普遍性，但这是培养孩子自信心和抗挫力的认知误区。事实上，父母要做的是，帮助孩子培养自信，使其做好面对世界的准备，而不是用自己的方式简单地告诉他这个世界有多么残酷。

科恩博士在《游戏力Ⅱ》中谈到：在发展自信的过程中，孩子需要与养育者之间形成牢固的亲子联结，也需要有机会感受到自己拥有强壮的身体和掌控环境的力量，还需要尝试冒险并得到鼓励。换言之，孩子真正需要的是安全感和自信，而这些可以在亲子游戏中获得。

在亲子游戏中获胜，会让孩子获得自信，这种自信可以迁移到学习和社交生活中。而不同年龄段的孩子，在亲子游戏中获胜的方式要有所不同。

一两岁时，孩子最喜欢的游戏是"举高高"。他需要知道，在自己被举起时，父母一定会把他牢牢抓住，确保他的安全；他也需要知道，摔倒和磕碰不可避免，而父母永远可以给他安抚。良好的亲子联结是孩子的自信

得到发展的基础。

三四岁时，孩子喜欢从推倒大人的游戏中获得自信。如果大人被推倒时表现得难以置信，做出很夸张的样子，孩子会更加兴奋。运动也会显著提升孩子的自信。

五六岁时，孩子开始喜欢对抗游戏，轻易让他们赢的小把戏，已经不能让他们满足了。他们需要使出全身力气和父母对抗，这是获得力量感的重要方式。

在对抗游戏中，父母需要身兼对抗和支持的双重角色，目的是帮助孩子把自己的力量用出来，建立对自己身体力量的自信。在游戏过程中，父母需要调整自己的力度，先与孩子"势均力敌"地对抗一阵子，然后再在恰当的时机让孩子获胜。

让孩子切身感受到自己的内在力量不断释放出来，比简单地告诉孩子"你可以的！"或给孩子加油鼓劲更能让孩子体验到自己的力量感。当孩子感受到自己内心充满力量时，做任何事都会更加有自信。

有一次，儿子需要做一张试卷，预计需要60分钟。做到30分钟时，我明显感觉到他开始烦躁，没办法专注投入。我建议他暂停5分钟做个对抗游戏。于是我拿起枕头，让他像打拳击那样击打这个枕头，我能感到他在刻意释放和发泄烦躁心情。整个过程我一直支持着他，直到他筋疲力尽。休息之后再去做剩下的试卷，他居然15分钟就完成了。

小博二年级时，有一次家庭作业需要写500字，这对小博来说并不容易。妈妈让小博当老师，分配好任务之后，她和小博同时写这项作业。在写的过程中，小博妈妈不时地观察着小博的进度，刻意比小博写得慢一点儿，还装着不经意地说："哇，你写得比我快，我要加油了。"小博看到自己比妈妈写得还快，非常自信，两个人很快就都写完了 500 字。

▶ 在生活中培养孩子的抗挫力

抗挫力，也叫抗逆力、复原力，通常被定义为一种从挫折中恢复和振作的能力。拥有成长型思维的人，通常抗挫力比较强，他们会把挑战看作机会。抗挫力也通常意味着灵活性和主动寻求帮助的能力。那么，一个真正具有抗挫力的孩子是怎样的呢？

在线下父母工作坊上，我会带领学员玩一个叫作"眼疾手快"的游戏，具体玩法是：两个人面对面在地上坐好，面前放着一本书和一根用 A4 纸卷成的纸筒。两个人用"石头剪刀布"的方式判定胜负，胜的一方用纸筒打另一方的头，而另一方则需要抢书来保护自己的头。这个游戏考验的是反应速度和手、眼、脑协调能力。

反应慢的人通常会有挫败感，如果恰好对手是个反应很快的人，这个挫败感就会加重。游戏刚开始没多久，小婷主动要求换一个对手。她说：对方太强了，我反应慢，总是反应不过来。我想换一个和我势均力敌的对手，这样我才能玩得尽兴。

这是我第一次遇到学员要求换对手的情况，事后我带着学员一起对这个细节做了回顾。小婷面对比自己强大的对手，她没有气急败坏，也没有想退出游戏，而是为了让自己玩得尽兴，主动提出了"换对手"这个灵活的处理方式。这就是父母特别希望孩子拥有的抗挫折能力。

在养育孩子的过程中，父母可以有意识地培养孩子的抗挫力。在《抗挫力》一书中，作者总结了影响抗挫力的七要素，包括能力、自信、联系、品行、贡献、应对和掌控。为了帮助父母更好地理解，我把这七要素总结为"有抗挫力孩子的七种表现"（见图 12-1）。

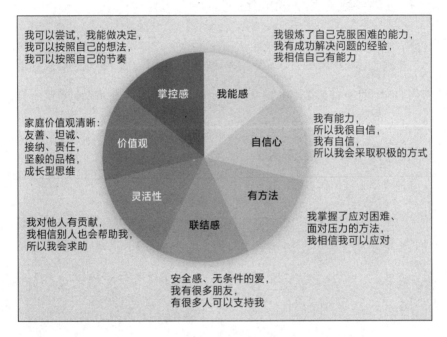

图 12-1　有抗挫力孩子的七种表现

掌控感。 这是我们在本书中反复提到的，父母可以从孩子小的时候就有意识地放手，让孩子按照自己的节奏和想法去做一些尝试。在"第 15 天"中，我们会详细谈到针对不同年龄段的孩子，父母可以怎样有步骤地放手，逐渐增加孩子对自己生活的掌控感。

我能感。 当孩子拥有了解决问题的能力，在困难和挫折面前，他们就会相信自己可以面对和解决。父母可以通过"刻意练习计划表"帮助孩子提高我能感；还可以通过"角色扮演"的方式与孩子一起练习在具体情境中解决问题的能力；更重要的是，给孩子一些空间，让他们按照自己的节奏去发展自己的能力。

自信心。当孩子有了解决问题的能力，对自己很自信，在面对问题和挑战时就更容易有积极的态度，更愿意采用积极的方式面对挑战，解决问题。

有方法。父母可以经常和孩子讨论解决问题的方法，比如看到电视或新闻中提到孩子可能遇到的一些具体场景，可以借机和孩子一起探讨，如果他遇到这种场景会怎么做，还有没有什么更好的解决方法等。这样，孩子在面对真实情境时就能心中有数，也因此更加自信。

联结感。孩子内心深处的安全感，永远是孩子勇气和底气的来源。要让孩子知道不管遇到什么情况，不管自己经历了什么或做了什么，身后永远有支持和陪伴他的父母、家人和朋友。所以支持孩子发展自己的社交圈非常重要，如果孩子在同龄人中有归属感，当遇到挑战时，孩子知道即使父母不在身边，他也不会孤立无援。联结感是抗挫力的基础。

灵活性。父母平时要多引导孩子帮助他人，为他人做贡献。当孩子从帮助他人的过程中体会到愉悦感后，他们也更容易相信当自己遇到困难时可以尝试自己解决，自己解决不了的问题可以去求助他人。灵活地换个角度看问题，也是抗挫力的重要组成部分。

价值观。父母要厘清自己的养育价值观，厘清自己希望孩子拥有怎样的品质和思维模式。父母越清晰这一点，孩子也会越容易认同父母的价值观。当孩子面临选择和挑战时，他内心所认同的价值观和思维模式会帮助他们渡过难关，做出正确的选择。价值观是父母留给孩子的最好资产。

▶ 自驱小马达：亲子打闹游戏

　　每天在孩子开始写作业之前，陪他玩 5 ～ 10 分钟打闹游戏，不但可以帮助孩子释放在学校一整天的紧张感，增进亲子间的亲密联结，还可以激活孩子更多的大脑通路，让大脑更活跃，进入最佳的学习状态。

　　父母陪孩子玩亲子打闹游戏时，有以下 4 点需要特别关注。

　　1. 确保安全：包括身体安全和情绪安全

　　打闹游戏需要在一个安全的环境中进行，包括环境安全和心理安全。提前和孩子约定好规则，比如不能打对方头部，不能使用尖锐的物体打对方等，确保亲子双方的安全。对 7 岁以上的男孩，甚至需要限制他在游戏中使用的力量。

　　当任何一方受伤或觉得不舒服时，可以随时喊停，不要强制呵痒。父母要控制自己的情绪，记得这是以孩子为中心的游戏，是为了支持孩子而进行的游戏，时刻提醒自己不要和孩子动真格的，更不要故意为难孩子。

　　2. 增进联结：发掘任何与孩子联结的机会

　　随着孩子年龄的增长，父母和孩子的身体接触变得越来越少。而游戏中的笑声让亲子间的情感自然流淌，游戏中的身体接触也自然而然，而身体接触是增进联结非常好的方式。记住，当你选择和孩子玩任何游戏时，都要有意识地增进联结。

3. 关注情绪：随时准备着给孩子提供情绪支持

有时候，打闹游戏会疗愈孩子的情绪旧伤。通过玩游戏，孩子感受到父母的支持和亲子联结的建立，他觉得安全了，累积的情绪会趁机释放出来。如果孩子本来玩得特别开心，突然为一点儿小事大哭不止，这时父母要敏感地觉察到，孩子需要父母的支持来处理他的情绪旧伤了。

4. 激活力量：寻找一切机会增强孩子的力量和自信

父母需要根据孩子的年龄调整自己力量的大小，为孩子提供适当的难度。这样做的目的是帮助孩子感受到自己的力量，从而让孩子更有自信。

第13天

说了很多次都不听，可能是你的沟通方式需要调整

▶ 在关系中，好好说话到底有多难

随着孩子年龄的增长，父母和孩子的沟通越来越不顺畅。同样的话重复了很多遍，孩子却完全听不进去，父母的说教不知不觉就变成了唠叨和啰唆，不但会引起孩子的反感，还会破坏亲子关系。

如果在家里放一只录音笔，记录下我们和孩子一天的对话，很可能会听到如下话语。

你在那儿磨磨叽叽地干什么呢！

这都几点了，你怎么还不去写作业！

我都说过多少次了？你怎么还……

你怎么这么笨啊！讲这么多遍都听不明白！

能不能跟你姐学着点儿？

隔壁小咪都钢琴十级了，你还在这玩泥巴！

考了95分！就差一点儿就满分了，你就不能用点儿心！

当我们脱口而出这些话时，我们是在表达什么呢？

作为父母，不可避免地会对孩子有所期待：期待孩子能合理安排时间，主动完成作业；期待他们放学后先写作业再玩；期待他们对自己的错误深刻反思，主动改正；期待他们对自己高标准、严要求，完成学校的作业还

能主动加量学习……如果父母的这些期待没有实现，就会对孩子产生负面评判，甚至对自己产生怀疑，于是所谓的沟通，就变成了情绪的宣泄。

父母需要看见自己情绪背后的这些期待，厘清这些期待是自己的，还是孩子的，并为自己的情绪负责，让情绪得到合理的宣泄和表达。只有这样，父母才能做到真正"看见"孩子，做到与孩子好好说话，有效沟通，为孩子提供支持和成长空间。

刚刚进入家庭教育领域时，我在不同的课程上都听到"尊重"二字，那么到底什么叫作尊重呢？我花了半年的时间，在生活中品味"尊重"二字的含义，写下了这样一段话。

尊重自己是自我接纳，

尊重伴侣是设身处地，

尊重老人是换位思考，

尊重孩子是平等地看见。

对孩子的尊重，就是放下自己的评判和预设，站在孩子的视角思考问题，这也是和孩子有效沟通的基础。以下三种具体的沟通方法，是很多父母验证过的，可以帮助我们尝试做到和孩子"好好说话"。

变"评价性的语言"为"描述性的语言"，例如，把"你这个孩子真能磨叽！"变成"我注意到现在 8 点了，你还没有开始写作业，而我们 9 点就要关灯睡觉了"。

在叙事咨询督导课上，老师教给我们使用"白描"的方式给来访者做反馈，把自己观察到的描述出来，而不是提出自己的评价、观点或假设。用这样的方式描述，就像一面镜子一样，能帮助孩子更好地看见自己，也为孩子的自驱力发展提供了空间。

变"祈使句"为"疑问句"，例如，把"这都几点了，你怎么还不去写作业！"变成"你决定先弹琴还是先写作业？准备几点开始？今天的作业需要多长时间完成？"

给孩子选择权和自主空间，而不是简单地催促和提醒；也可以使用问句表达对孩子的好奇，而不是先入为主地判断和评价。在"第19天"中，我们会详细介绍父母向孩子提问的具体方法。

变"反馈差距"为"反馈已完成"，例如，把"不是说让你把不熟练的《找朋友》再弹10遍吗，你一直弹你熟练的，什么时候才能提高？"变成"你刚才已经弹了5遍《童年》，非常认真和专注，接下来你准备练习哪一首曲子？"

你看到什么，什么就会被留下来。你反馈了什么，什么就会被强化。父母需要有意识地调整自己对孩子的反馈方式，反馈那些你希望孩子保持下去的行为，而不是盯着孩子没做到的不放。

《如何说孩子才会听，怎么听孩子才肯说》一书中提供了鼓励孩子与父母合作的5种沟通方法。我们以孩子写作业为例，介绍这5种有效的沟通方法。

（1）描述你所看到的，或者描述问题。比如：我注意到现在8点了，你还没开始写作业。

（2）提示：宝贝，7点了，写作业的时间到了。

（3）用简单的词语表达：宝贝，作业！（注意不要只是大声说出孩子的名字。）

（4）说出你的感受：8点了，作业还没写，妈妈有点儿着急。

（5）写便条（贴在孩子能看到的地方）：亲爱的宝贝，请按照约定及时完成作业，谢谢合作！

如果用一个词来总结这 5 种方法，那就是"字数少"。可见在沟通中，简单直接是非常重要的。在我的 CPRT 亲子关系培训课程中有一个关于沟通的基本原则：如果无法用 10 个以内的词说清楚，那就别说了。简单的描述同样也是一面镜子，帮助孩子看见自己，给孩子留出主动思考的空间。

▶ 沟通的目的是改变对方吗

在我的家长课上经常会谈到隔代养育的冲突。很多妈妈表示，和老人"根本无法沟通"。夫妻之间也会遇到这种情况，本来想好好沟通，没聊几句就翻起旧账，结果吵了一架，还解决不了问题，渐渐地就不再沟通，因为沟通也没用。时间久了，彼此之间就像竖起了一堵高墙，虽然每天生活在一起，却无话可说。

孩子小的时候还没有能力反抗，亲子冲突不明显。可随着年龄增长，孩子内心力量越来越强大，越来越有自己的想法，尤其到了青春期，亲子冲突集中爆发，亲子关系遭遇极大的挑战。

这时候我通常会问大家一个问题：你和孩子沟通的目的是什么呢？

《高效能人士的七个习惯》中谈到，人际关系中最重要的原则就是"知彼解己"——首先要去寻求了解对方，然后再争取让对方了解自己，这才是进行有效人际沟通的关键。而我们绝大多数人，沟通时总想着表达自己，让对方理解自己，甚至试图改变对方，这样的沟通是无效的。所以，**沟通的重点在于听，而不在于说**。

这并不是要求我们去赞同对方，而是要在情感和理智上充分而深入地理解对方。人类最基本的生存需求是被人理解、肯定、认可和欣赏。只有当对方感受到自己被理解了，才会有更多的心理空间去理解和考虑你的建议；相反，如果我们一直在表达，或者听对方表达的目的就是为了找到对方表达的漏洞，随时准备反驳对方，这样的沟通注定会失败。

我在接受"父母游戏力"讲师培训时，每周会有一次倾听练习。在练习的过程中，倾听伙伴会全程认真地倾听我，不会打断我，也不会插话，我是被全然接纳和支持的。当我充分表达之后，就有了足够的心理空间去倾听孩子和家人。

那段时间，我每天会在吃早饭时无痕倾听^①孩子爸爸。听他尽情地表达，不会打断他，也不会给他建议，只是认真地听他说。等他说完了，我再表达自己的想法时，他会更愿意站在我的角度思考问题。

其实很多时候，我们并不是不想去理解对方，而是，我们自己在某个关系中也不曾被理解。于是沟通的过程就变成了试图用各种方式让对方理解自己，却忽略了对方同样也需要我们的理解。

所以，建立家庭以外的支持体系，找到可以理解我们的"同频"人，是非常重要的。这也是我从事家庭教育的初心：希望越来越多的父母，都能构建起自己家庭以外的支持体系。这对于我们在家庭中能够理解家人，与家人有效沟通，是非常有价值的。

父母与孩子的沟通也是同样的。**父母先去了解孩子，而不是着急给出自己的评价和建议，是亲子沟通的关键。**

当孩子感受到被父母理解了，父母就可以发挥自己的影响力，着手解

---

① 无痕倾听，这里是指不需要提前告诉对方，只是把自己调整到倾听状态。

决问题了，此时的沟通才是有效的。《高效能人士七个习惯》一书中分享了下面一段父子间的对话。

子：上学真是无聊透了！

父：你对上学有很深的挫折感。（说出孩子的感受）

子：没错，学校教的知识根本不实用。

父：你觉得上学对你没什么用？（说出孩子的想法）

子：对，学校的学习对我不一定有用，你看乔伊，他现在的修车技术一流，这才有用。

父：你觉得他的选择更正确。（说出孩子的想法）

子：嗯，从某个角度看确实如此。现在他收入不错，可是几年后，他可能会后悔。

父：你认为他将来可能会觉得自己当年做错了决定。（厘清孩子的想法）

子：一定会的，现在的社会里，教育程度高肯定不会吃亏的。

父：你觉得受教育很重要。（说出孩子的想法）

子：对，如果高中没毕业，一定找不到工作，也上不了大学——有件事让我真的很担心，你不会告诉我妈吧？

父：你不想让你妈妈知道？（确认孩子的想法）

子：不是，跟她说也无妨，反正她迟早会知道的。今天学校举行阅读能力测验，结果我只有小学程度，可是我已经高二了！

我们从这段对话中可以看到，这位父亲一直在试着理解儿子，不断地厘清儿子的想法，没有施加任何评判、建议和指责，而是耐心地倾听和理解孩子，用自己的语言表达对儿子的理解。

最明显的一点是，父亲说的话比孩子说的话字数更少。这个过程，也是父亲支持儿子去梳理自己的过程。最后儿子终于说出了自己真正想表达的，也就是阅读能力测验的结果让他感到挫败，进而产生了"上学无聊透了"的想法。让我们接着看父子间的对话。

> 父：我有个想法，也许你可以上补习班提高阅读能力。（尝试施加自己的影响力）

> 子：我已经打听过了，可是每星期要花好几个晚上！补习的代价太高了，而且我还答应了同学，晚上另有安排。

> 父：你不想食言。（意识到儿子的情绪，继续倾听和理解孩子）

> 子：不过，如果补习真的有效，我可以想办法和同学改时间。

> 父：你其实很想多下点功夫，但担心补习没效果。（说出孩子的想法）

> 子：你觉得会有效果吗？

在充分倾听和理解儿子后，父亲才给出了建议；觉察到儿子的情绪，又继续恢复倾听；当儿子恢复了理性，父亲则再次扮演导师的角色；这时候，孩子会更容易接受父亲的建议。

试想一下，如果儿子一开始说起"上学无聊透了"，父亲就对儿子指责和说教，儿子不但没有机会把自己的真实困扰说出来，还有可能因此而破坏亲子关系，甚至可能导致孩子真的开始讨厌上学。

▶ 自驱小马达：倾听伙伴练习

也许你会说，做到倾听和理解孩子真的好难啊！我们总是带着自己的情绪和预设，就好像内心的情绪垃圾堆得满满的，怎么能有空间再去容纳孩子呢？每周安排固定的时间进行倾听练习，倾倒自己的情绪垃圾，得到倾听伙伴的理解和接纳，就能做到更好地去理解孩子。

以下是倾听伙伴关系的基本设置，父母可以尝试按照这个方式，寻找自己的倾听伙伴，坚持每周进行倾听练习。

（1）两人结成倾听伙伴关系（最好是其他"同频"父母，不要有生活中的社交关系，更不要是密友或伴侣，以免诉说过程中涉及与他们相关的话题而起冲突）。

（2）用计时器计时，两个人轮流倾听，同等时长。一开始可以是每人5分钟，一段时间后可以逐渐增加时长。

（3）说者自由表达（不需要考虑对错和逻辑）。

（4）听者全身心倾听（不打断、不评价、不建议）。

（5）结束后只是表达感谢，不需要讨论。

在做这个练习的过程中，可以尝试在生活中对自己的朋友和家人做无痕倾听。

寒暑假不是弯道超车而是取长补短的好机会

▶ 追求超前学习带来的危害

每年的寒暑假，我的家长课和读书会都要暂停一阵子。原因是父母都去忙孩子了，没有时间来听课和学习。但其实，绝大多数父母看起来很"忙碌"，实际上很"茫然"，并不知道假期陪孩子做点什么才是真正有效的。

萦绕在耳边的"假期要弯道超车"让父母变得更焦虑了。"别的孩子都在赶路，我的孩子也不能停，不进则退呀"，当家长不知道怎么做时，就会把孩子送到各种校外托管机构，于是到了寒暑假，孩子也要像上学一样待在各种"班"里。我并不反对寻求课外支持，但怎样的支持对孩子来说是最适合的，确实需要父母合理规划。

我曾走访过十几家校外教学机构，了解它们使用的教材和教学安排，和老师交流教学内容。我发现：绝大多数校外教学机构都存在超前学习的情况，有的教材甚至看起来比学校的难度还要高。假期把孩子送到课外班，确实会在很大程度上缓解一部分家长的焦虑，让家长认为"我的孩子在假期提前学了，开学肯定能跟上老师的节奏"。但实际上，尤其对于低年级的孩子来说，超前学习弊大于利。

很多父母都听说过"三年级效应"，指的是部分孩子在进入三年级后，出现成绩急速下滑的情况。

究其原因，一二年级的学习内容相对简单，语文学习的重点是拼音、字词、书写和看图写话，主要靠背诵和记忆。数学就是基本的加减乘除运算，需要理解的层次还比较基础，对绝大多数的孩子来说都不是问题，所以拉不开差距。有的孩子甚至连数学也是依靠记忆把题目做对的，并没有真正理解运算的过程。

如果孩子超前学习了，可能会让孩子觉得老师要讲的内容自己已经会了，就不再认真听课。实际上，老师的课堂讲解可以帮助孩子加深理解的层次，并不仅仅停留在记忆层面。超前学习的孩子会对学习产生一种"很简单、很轻松，不需要深入理解"的感受，带着这种感受进入三年级，学习难度提高了，他们就会措手不及。

到了三年级，语文的学习重点从简单字词句和看图写话换成了不少于300字的主题作文，阅读理解的量和难度也大大增加，这时仅靠背诵是远远不够的；数学学习内容增加了复杂概念、多步骤的解题思路，对孩子的理解能力和逻辑思维能力要求更高了。如果孩子没有在一二年级养成深入理解和思考的好习惯，到了三年级，就好像是建造了一座空中楼阁一样，根基不稳，东倒西歪，成绩下滑并不意外。

父母了解了可能会出现的"三年级现象"，提前做一些准备是很有必要的，这个准备包括心理准备和帮助孩子养成良好学习习惯的准备。

首先，家长要尽早认识到孩子才是学习的主体。父母需要为自己的焦虑负责，通过学习，了解如何更好地支持孩子的学习，不要让孩子为自己的焦虑买单。

其次，孩子的学习是一个循序渐进的过程。学习就是从"不好"到"好"，从"不会"到"会"，从"不理解"到"理解"的过程。刚入学的孩子需要适应和调整是正常的，要给孩子一些时间。在这个过程中，父母需要做的是给孩子一些积极正向的反馈，帮助孩子建立起对学校和学习的正向感受。感觉好，才能学习好。

最后，帮助孩子养成良好的学习习惯，激活孩子的学习自驱力。比如帮助孩子了解学习的过程，养成预习和复习的好习惯，帮助孩子逐渐建立起行之有效的学习策略等。这些都是比短期的学习成绩更有价值的事情，而且一旦这些部分做好了，形成了正向循环，孩子的学习成绩自然不会太差。在本书的第三部分，我们会重点分享具体做法。

那么假期到底该让孩子做些什么呢？老师通常会给学生布置预习和复习任务，对于不同年龄段的孩子，侧重点有所不同。

对小学生来说，尤其是小学低年级的学生，假期复习比预习更重要，利用假期把一个学期的内容做复习和整理是非常必要的。

到了初高中，会逐步增加更多学科，对孩子的自学能力和统筹规划能力要求更高了，孩子可以根据自己的学习风格统一规划。他们可以利用寒暑假，对新增学科进行预习，整理出相关的学习脉络，画出思维导图，并进行一些基本知识的背诵。这样，将来上课时就可以增加记忆和理解的深度，更好地把短期记忆转化成长期记忆。

要做到这些，同样需要父母帮助孩子从孩子低年级起养成好的学习习惯，形成正向循环。

▶ 打开优势开关，塑造核心竞争力

除了通过复习和梳理更好地完成学校布置的任务，假期更是一个帮助

孩子取长补短、打造核心竞争力的好机会。

我在家长课上曾邀请学员分享自己的孩子有什么优点，绝大多数学员说出来的却是孩子的缺点。父母花了太多的精力和心思关注孩子的短板，试图弥补孩子的短板，却忽略了自家孩子的优点和长处。还有的父母拿着自家孩子的短板和其他孩子的长板比较，更觉得自己的孩子一无是处。

父母这样的思维模式，会大大影响孩子的自我认知，让孩子觉得自己什么都做不好。**孩子最早就是在父母的眼睛里看见自己和认识自己的，所以父母需要改变自己的思维模式，用优势思维去培养孩子。**

青青是一个内向、敏感的小女孩，她特别喜欢画画，但不爱说话，经常躲在妈妈身后。但青青妈妈从来没觉得这是个问题，总是给青青很多的关注和鼓励。青青妈妈还在家里给青青做了一面作品墙，把青青的好多作品都挂在上面，有亲戚朋友到家里，青青妈妈就会自豪地展示青青的作品。

青青上小学一年级的第一天，放学回到家闷闷不乐的。青青妈妈发现之后就和青青聊天，青青说班里的女孩子都很漂亮，有的会唱歌，有的会跳舞，她们围在一起叽叽喳喳地说个不停，自己参与不进去，觉得很孤单。

青青妈妈没说话，带着青青来到青青的作品墙前面，告诉青青："每个女孩都是一朵漂亮的花，有的女孩是牡丹花，看起来很高贵；有的女孩是百合，闻起来很香；有的女孩是郁金香，没有香味，却特别耐看；妈妈就特别喜欢郁金香，你觉得自己像哪种花呢？"听了妈妈的话，青青觉得自己像一朵小雏菊，虽然不起眼，但是很独特。

青青妈妈所采用的就是优势教养的思维，优势教养既可以帮助孩子在逆境中运用优势克服困难，也可以促进孩子在顺境中茁壮成长。现在的父母普遍缺少优势思维，缺少一种发现和培养孩子优势的能力，而父母只要把大部分注意力放在帮助孩子发挥优势，而非减少劣势上，就可以帮助孩子发展出获得幸福人生的两种至关重要的心理工具：乐观和坚韧。

墨尔本大学积极心理学中心创始主任莉·沃特斯（Lea Waters）教授发现，从优势出发的方法让我们能够利用自己内在的丰富资源度过美好的人生，当我们采用优势教养的方法养育孩子时，他们会相信自己具有优势，并运用优势去掌控自己的人生。

那么如何才能发现孩子的优势呢？

《优势教养》一书中谈到，优势可以是某种具体的才能，比如会算数、会画画、会弹奏某种乐器，或者游泳速度很快；也可以是孩子表现出的积极的个性优势，比如有勇气、有智慧、有同情心、有正义感、有自制力、有创造力等。同时，个性优势在帮助孩子培养才能优势方面发挥着重要作用。

父母可以从这两个方面，用欣赏的眼光，有意识地去发现和培养孩子的优势。

我儿子从 7 个月开始英语启蒙，我有意识地把英语能力培养成他的才能优势。在我看来，英语不仅是一门学科，更是一种技能。所以每年假期，我都会和儿子一起制定英语提升目标，并把他送到英语夏令营，让他在英文环境中浸泡和提升。

唐老师则利用暑假时间，带着女儿进行游泳强化训练，这样不但可以让孩子强身健体，还通过比赛锻炼了孩子良好的心态，让孩子更加自信和有力量。

丁老师的女儿则是跟着妈妈体验了各种舞台角色，站在舞台上的她非常自信和从容，这份成就感也在生活中的更多方面激励到了孩子。

这里要特别澄清的是，培养孩子的优势并不是简单地把孩子送到某个兴趣班，甚至逼迫孩子参加某个兴趣班。**真正的优势要符合以下 3 个基本**

要素：**孩子擅长做某件事，做的时候充满激情，并且愿意做。** 父母只要用心观察孩子，并且有意识地培养孩子，就可以找到并发展孩子的优势。

很多男孩在小学阶段特别喜欢奥特曼卡片，儿子经常带着小区里认识的朋友到家里换卡，我曾认真观察过他们的交换过程。

他们需要提前约好时间，带着自己的卡册到其中一个小朋友家里，各自提出自己的交换诉求，中间有争辩、有讨价还价，也有妥协和退让，最终他们都能达成一致。这个过程充分锻炼了他们的沟通能力、解决问题的能力，以及合作的能力等，这些都是孩子们长大后适应社会的必备能力。

每个人都要有自己的优势，同时拥有与他人合作的能力，这样获得成功的机会就大大增加。所以，暑假也是支持孩子发展社交能力的好机会。

▶ 自驱小马达：时间饼图

搞清楚了假期可以做的事情，接下来重要的就是时间安排了。

尤其对于职场父母来说，没办法全天候地陪伴孩子，用对方法特别重要。寒暑假的时间看起来非常宽裕时，考验的是一个家庭的节奏感，节奏过松或过紧，都不利于孩子的身心健康发展，这部分会在"第16天"中展开来讲。

有序的家庭节奏有助于孩子建立平衡的日程，而平衡的日程有助于孩子发展平衡的大脑。国际著名脑科学专家、心理学家丹尼尔·西格尔（Daniel Siegel）联合戴维·罗克（David Rock）提出了健康心智健康餐盘，其中包括7种日常心智活动，可以改善孩子的大脑，使孩子大脑发展平衡并产生幸福感，这7种日常心智活动包括专注时间、玩耍时间、联结时间、运动时间、内省时间、放松时间和睡眠时间。

　　平时，孩子通过学校的活动和放学后的安排，这7种日常心智活动基本可以得到满足，但到了寒暑假，孩子就需要在父母的支持下进行特别的安排。以唐老师女儿暑假某一天（游泳集训期）的时间安排为例（见图14-1），供大家参考。

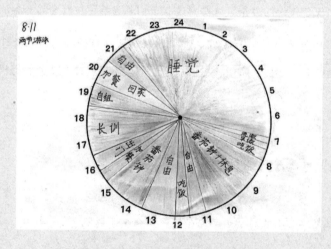

图14-1　唐老师女儿暑假某一天的时间安排

　　其中，睡觉时间为21:30—7:00（次日），专注时间（番茄钟＋休息）包含了上午的8:00—11:00、下午的13:30—15:00及下午16:30—19:30的游泳训练时间。游泳训练包含"长训"和同伴的"自组"队练习时间，满足了联结时间的需求。全天充足的自由时间，孩子可以自由安排户外运动、和小伙伴玩耍，阅读、休息等，满足了联结时间、玩耍时间、内省时间、放松时间和运动时间的需求。

第三部分
如何培养孩子的学习习惯

激活自驱力，进入正向循环

如果你去问一个优秀学生的父母，孩子学习好的秘诀是什么，他们一定会告诉你"要培养孩子良好的学习习惯"。有了好的学习习惯，孩子就会进入正向循环。培养自驱型孩子，最重要的就是培养孩子良好的学习习惯。

从幼儿园到中学毕业，父母如何优雅地放手

▶ 放下控制权，帮孩子从他律到自律

朋友星星说，他小时候，每天写作业妈妈都要全程陪着他，只要妈妈离开，他就会偷偷看电视，一边看电视一边竖起耳朵留意门外妈妈的脚步声。而妈妈每次出门回来，第一件事就是摸一摸电视热不热。

母子俩这种斗智斗勇的场面，相信很多父母都不陌生。

星星在高中之前的学习成绩一直都还不错，上了高中开始住校，妈妈再也没办法在旁边盯着他写作业。用星星自己的话说，"终于没人管了"，每天只是玩，学习成绩一落千丈。星星后悔不已，他说只要自己能认真学习，成绩肯定差不了，但他就是管不住自己。

父母陪孩子写作业的基本原则是：在低年级陪孩子写作业，是为了培养孩子的能力，到高年级时逐渐后退，直到孩子不再需要父母继续陪写作业。父母一开始多做，是为了将来少做。如果你发现自己在陪孩子写作业这件事情上越做越多，那一定是方法没用对，需要停下来做一些调整。

孩子的自律是从他律中发展出来的。在孩子小的时候，父母给孩子设立好规则限制，帮助孩子更好地执行；随着孩子年龄的增长，父母逐渐放手，给孩子更多的选择权和自主权，让孩子逐步过渡到自我约束和自我管理的过程。

所谓放手，就是父母逐渐放下对孩子的控制权，帮助孩子从他律到自律的过程。这个过程，也是孩子逐渐增加对自己生活的掌控感和自主感的过程。

要给孩子足够多自由玩耍的时间，要让孩子可以自由选择玩什么游戏，怎么玩，这对学龄前的孩子非常重要。孩子在游戏中探索和了解这个世界，在游戏中建立规则感，进行社会交往，解决各种问题，体会他人的感受……这些都是为孩子进入学龄期做充分的准备。

即使孩子进了小学，也不要忘记在孩子的每日清单里留足自由玩耍的时间。玩耍是孩子的工作，能帮助孩子发展认知能力、共情能力，提高语言表达能力和解决问题的能力，还能促进预测、规划、适应等其他执行能力等。玩耍可以帮助孩子培养开放式的大脑，更好地支持孩子的学习。

根据皮亚杰的认知发展理论，儿童从前运算阶段（2～7岁）进入具体运算阶段（7～11岁），开始通过系统的推理，用逻辑的方式解决问题，最后放弃以自我为中心。儿童从7岁左右开始考虑到他人的观点，思考变得更加灵活，也更有效。但他们仍然需要具体的物体和事件来支持他们的心理运算，一年级的孩子仍然会借助数手指做数学题，这是典型的具体运算阶段的表现。

所以，父母在帮助刚进入小学阶段的孩子做时间规划、作业安排时，仍然需要手把手地陪孩子一起做。在做的过程中，父母要有意识地培养孩子的能力，并逐步退出。

对于一二年级的孩子，父母要重点帮助孩子建立对时间的感知，形成基本的作业惯例。这个过程不是父母单向地为孩子做安排，而是充分尊重孩子的选择和偏好，不断进行尝试、回顾和调整，找到对彼此都合适的节奏。从二年级开始，可以有意识地培养孩子的目标感，帮助孩子感知每日作业和任务的轻重缓急、需要花费的时间等。

在这个阶段，学习不要抓得太紧，更不要让学习成为孩子生活的主旋律，重视孩子的户外运动和社交发展。处理好学习以外的事，孩子才能够更加专注地投入学习。这个阶段的重点就是帮助孩子开始认同学习、作业以及自己作为小学生的身份。

三四年级的孩子需要独立分配自己的学习任务和学习时间。父母可以教给孩子一些学习方法，帮助孩子提高学习效率，并且有策略地逐步退出陪孩子写作业，让孩子为自己的作业负责。千万不要一二年级什么都不做，到了三年级想放手又放不开，进入恶性循环。

相信孩子，允许孩子去做，允许孩子去错，在错误中和孩子一起去复盘和成长。孩子长大的过程，也是父母逐渐"失控"的过程，与自己的"失控感"好好相处，是父母的功课。

从四五年级开始，孩子需要为自己的作业完全负责，父母基本退出陪孩子写作业，孩子开始从"他律"发展到"自律"。父母需要给孩子更多的信任，同时保持定期的沟通（很重要）。

如果在孩子低年级时没有培养好孩子的自律性，想在高年级一下子放手是很难的。无规划地突然放手，孩子很容易出现失控的状况。特别是孩子进入青春期后，身心都会经历非常大的变化，是亲子关系最具挑战的阶段，在父母的眼中，孩子开始变得"叛逆"。

其实，所谓"叛逆"，正是青春期孩子需要更多信任和自主权的信号。如果在孩子进入青春期之前，父母和孩子拥有非常好的亲子关系基础，即使在青春期出现问题，也更容易度过这个阶段。与青春期的孩子好好相处，花时间好好了解他们，是父母在这个阶段的必修课。

当孩子进入初高中后，父母需要从更高层面看待孩子的学习。孩子需要对越来越多的事情自己做决定，而父母需要一步步后退，这是令父母感到非常失落和失控的阶段。在父母看来，这个年龄段的孩子做出的很多决定和选择非常具有风险性。这时候，最重要的是孩子对父母是否足够信任，是否愿意和父母分享自己的想法。当孩子感受到在父母这里全然地被接纳、倾听和理解时，孩子会更愿意认同父母的价值观，并做出理性的选择。

所以，父母和孩子互动的重点不再是具体的学习内容，而是关注孩子的思想，和孩子深入交流，维护好孩子对父母的信任感，并为孩子提供必要的支持。

▶ 带着爱和祝福，帮助孩子做好准备

18 岁的孩子，都需要掌握那些基本技能呢？《如何让孩子成人又成年》一书中列出了一份特别的清单，认为他们需要在不给父母打电话的前提下完成下列事情，如果还需要找父母拿主意，就表示他们还不具备独立生活的能力。

1. 会和真实世界中的陌生人交谈，包括教师、学院院长、顾问、房东、店员、人力资源经理、同事、银行出纳员、医护人员、公交车司机及修理工。

2. 认识校园的道路，认识暑假实习所在城市的道路，以及在国外工作或学习时所在城市的道路。

3. 能够管理好自己的作业、任务和截止日期。

4. 为家庭的运转做出贡献。

5. 能够处理人际关系问题。

6. 能够应付学业压力和工作量的起伏变化，能够应付大学水平的工作、竞争，以及态度强硬的老师、老板和其他各种人。

7. 有能力挣钱和打理财务。

8. 能够承担风险。

在一次读书会上，我们在书中读到这样一句话：作为一名治疗师，我知道就算孩子的骨头跌断了，愈合的速度也比胆怯和恐惧消解的速度快得多。有一位妈妈对此质疑："可是，如果孩子的骨头真的摔断了，那怎么办呢？"

这样想的父母并不在少数，这背后其实是父母深深的恐惧。放手是父母一生的功课，有很多父母在孩子成年之后仍然为孩子打点一切，做不到放手，担心孩子冷了会生病，担心孩子房间乱了会不舒服，担心孩子完不成作业被老师批评，担心孩子成绩不好前途堪忧，担心孩子找不到好工作人生不幸福……很多人认为担心是一种情绪，但实际上，担心只是我们对恐惧情绪的处理。

"担心"很容易以"关心他人"的形式出现，它是我们投射出来的，穿着关怀外衣的恐惧。而恐惧是有能量的，是在肾上腺素的作用下产生的收缩反应，这股能量是服务我们还是妨碍我们，取决于我们的使用目的。

当恐惧的情绪被忽视甚至被压抑时，人就会陷入负面的预设想法和神经质的担忧之中，小题大做，围绕着消极想法打转，被"假如……会怎样"的心智回路劫持，陷入恶性循环。

　　儿子刚上幼儿园时，我第一次参加学校的开学典礼，校长的一句话让我非常感动，至今印象深刻。她说："希望我们的父母都可以带着对孩子的祝福，而不是担忧开始全新的幼儿园生活。"

　　作为父母，我们是有选择的，我们可以选择与我们的担心和恐惧平和相处，**做准备好的父母，带着爱和祝福**，而不是恐惧和担忧，**去养育我们的孩子**，不要被恐惧控制和裹挟着前行。

　　在孩子成长的每一个关键阶段遇到的，包括上幼儿园的第一次分离焦虑、上小学的第一次适应困难、上初中的第一次社交压力、上高中的第一次离开家门……每一次前行，孩子都会经历一段时间的痛苦和挣扎，这是孩子成长的必经之路，只有经历这样的挣扎，孩子才能够长大。而孩子长大的过程，也是和父母渐行渐远的过程。

　　父母需要做好准备，迎接每一次挑战，并且帮助孩子做好迎接挑战的准备。

▶ 自驱小马达：放手五步骤

　　找一个心情平静、不被打扰的时刻，按照以下五个步骤，做自由书写，或者找一位和你有同样困扰的朋友，互相说给对方听。

　　第一步，你在哪些方面很难做到对孩子放手（即在内心深处，你对这方面最不放心）？

　　第二步，导致你难以放手的问题是什么？

从家长的角度，你内心的恐惧是什么？如果放手，会发生什么？

从孩子的角度，他的需求是什么？他想要的是什么？

第三步，你愿意尝试放手吗？如果是，请继续后面两个步骤。如果暂时还难以做到放手，可以回到第二步，多做一些深入探索，或者寻求专业的支持。

第四步，放手时，你可以做到的最小的一步是什么？（要具体明确，最好符合目标制定的 SMART 原则。）

第五步，你打算什么时候开始执行这"最小的一步"？如果这样做会让你感到不舒服，你还会坚持继续尝试吗？

做好学习规划，需要将时间管理和学科经验相结合

▶ 调整家庭节奏，让生活可预期

2021 年，国家颁布"双减"政策，旨在有效减轻义务教育阶段学生过重的作业负担和校外培训负担。孩子少了堆积如山的作业，有了大把可支配的自由时间，但并不是所有的父母都懂得如何引导孩子利用好这些时间。

有的父母自得其乐，看到孩子没有了繁重的作业负担，更加奉行"快乐教育"；而有的父母无所适从，只能给孩子增加额外的作业，让孩子大量做练习题，但无目的地低效做题只会破坏孩子的学习兴趣；智慧的父母则会在支持孩子完成学校作业的前提下，帮助孩子做好学习规划，并逐步培养孩子的自我管理能力、学习规划能力和终身学习能力。

培养孩子的各项能力，需要一个有节奏感的家庭环境。

如果一个家庭的节奏混乱，一直在赶时间，一直在变化，孩子始终被各种安排裹挟着前行，丧失了独立思考的空间，大脑始终处于应对变化的高压状态，这对孩子的成长是十分不利的。

长期处于压力状态的大脑会分泌毒性激素。这些激素会弱化大脑的高级功能，负责记忆、推理、注意、判断和情绪控制的脑区会遭到抑制并可能造成永久性损伤。

与此同时，如果孩子长期处于压力状态下，大脑关注的是生存而不是

发展，更倾向于对抗而不是合作，能力发展也就无从谈起。

所以，孩子需要有节奏感的家庭环境，需要"什么也不做"的时间，比如不看电视、不玩手机，只是散步或发呆。此时就像"暂停时刻"，大脑中用于反思的"静息状态系统"会被激活，帮助大脑恢复活力，整合信息，并将信息进行永久存储，帮助孩子更深刻地看待事物，处理更加复杂的思绪，发挥创造力。

很多父母会觉得每天的时间安排特别紧张，根本没办法暂停。确实，"暂停时刻"需要父母特别地安排。节奏飞快的父母，越是工作忙碌越需要在生活中增加这样的"暂停时刻"。

有一个可行的办法是，先把生活中的一件事情固定下来，其他事情的安排都要为这件事情让路。比如为孩子留出每天半小时的自由时间；比如全家每天一起吃晚餐。在我家，孩子的睡眠就是终极的节奏。

大多数孩子早起困难会伴随晚睡的问题。我家很少为早起问题发生冲突，这是因为前一天晚上入睡时间相对稳定。我家的节奏就是围绕孩子每天的入睡时间展开的。

晚上 9:00 左右上床，再以此倒推每天晚上的时间安排；

非周末不安排夜间的外出活动，以确保入睡时间；

每周六晚上是家庭卧谈会，全家轮流当主持人，互相给彼此积极反馈，分享这一周的收获，讨论周日的行程安排；

周日是家庭活动时间，不安排任何课外班。

可预期的家庭生活节奏对孩子来说是一种安全感。在有节奏感的家庭生活环境中，孩子能建立起信任感和秩序感，这进一步发展了父母和孩子的亲子关系以及彼此的相处模式，为孩子与他人的相处与合作打下了良好的基础。

正如《简单父母经》一书中描述的那样。

节奏可以让孩子平静而安定，在家庭的环境里建立好节奏，可以让孩子感觉踏实，这样他们才可以放心成长。建立这样的节奏，需要父母的带动，这样的节奏会加强父母的权威，一种温柔而自然的权威，一种让孩子觉得安全有序的权威。

这种节奏一旦建立好，当你要求孩子从一件事转向另一件事时，就不需要父母的絮絮叨叨，交流起来会更加顺畅和愉快，节省父母的很多力气。

▶ 吃掉青蛙，让任务管理更轻松

保持一定的家庭节奏是孩子合理安排时间的前提。有了家庭节奏为前提，我们再来看一下如何帮助孩子对自己的时间进行合理规划和安排。

比如我家固定了每晚 9 点上床，那么下午放学后 4:30—9:00 这段时间就需要合理规划和安排。每天的这 4.5 小时对孩子的成长是非常关键的，它肩负着完成学校的作业、亲子时光、孩子的自由时光、学习提升、学习规划能力和自我管理能力的培养、课外拓展、生活技能的培养等重任。

对这段时间的规划和安排因家庭而异，因孩子而异。父母需要与孩子进行沟通、尝试、不断地调整和确认，才能找到对每个家庭和孩子来说最合适的节奏。随着孩子年龄的增长，每个学期还要做出适当的调整。

儿子二年级开学时，我们结合一年级的情况做了一些调整，一起讨论确定了放学后的时间安排（见表 16-1）。讨论时间安排时，尊重孩子的需要是非常重要的。比如我儿子告诉我，其他小朋友的时间表跟他不一样，他们是回家先写作业，吃了晚饭后，一直玩到晚上 7:30。但他不喜欢天黑了在外面玩，所以选择在吃饭之前进行户外活动。这个时间安排只是一个基本的框架，每天在实际执行时有浮动是正常的。儿子的学校一二年级每周二、周四下午休息，那两天的节奏会有些不同，增加一些家务劳动、运动课和线上课的安排。

表 16-1   儿子放学后的时间安排

时间段	孩子的节奏	父母的节奏
4:30—6:00	户外运动、自由玩耍	备餐
6:00—7:00	晚饭、休息	家务
7:00—8:30	专注时间：练琴、作业、阅读	阅读、陪伴
8:30—9:00	游戏时间、整理	亲子时光
9:00—9:30	睡前分享、入睡	亲子时光

唐老师家的两个孩子放学时间不同，家庭节奏也会有些不同，保持两个孩子的节奏也很不容易，给大家做个参考（见表 16-2）。

表 16-2   唐老师家放学后的时间安排

时间段	三年级姐姐的节奏	一年级弟弟的节奏	父母的节奏
3:30—5:00	学校社团、户外运动	户外运动、自由玩耍	运动、备餐
5:00—5:30	整理、规划	整理、规划	支持弟弟
5:30—6:30	晚饭	晚饭	晚饭、家务
6:30—7:30	专注时间：学习、作业	专注时间：学习、作业	阅读、陪伴
7:30—8:00	专注力训练、游戏	专注力训练、游戏	支持和陪伴孩子
8:00—9:00	阅读、整理	阅读、整理	亲子时光
9:00—9:30	睡前分享、入睡	睡前分享、入睡	周一、周三、周五陪姐姐 周二、周四、周六陪弟弟

父母往往对孩子有很高的期待，希望孩子能够管理好自己的时间，能够主动学习和写作业，却忽略了孩子一开始靠自己是很难做到的。

父母需要了解孩子的特质，需要在充分考虑孩子和大人不同需求的前提下与孩子充分磨合，不断"调频"和尝试，花时间培养孩子的能力。从一开始手把手地带着孩子一起做，到后来慢慢放手看着孩子做，才能一步一步发展为孩子自己独立做。

时间管理大师伯恩·崔西（Brian Tracy）提出了"吃青蛙"的时间管理法，非常适合孩子用来学习时间管理和任务管理。"青蛙"原指最艰巨、最重要的任务，父母可以借鉴这个方法，把孩子一天要做的每件事情都定义成一只青蛙，并按照事情的重要程度把任务分成大、中、小青蛙。

当孩子在排列"青蛙"大小时，就是在练习为任务的轻重缓急进行排序。每完成一件事，就想象自己吃掉了一只青蛙，这对孩子来说充满了趣味性，更容易理解和执行。

以下是我和儿子沟通的过程。

我：妈妈最近学习了一个方法，可以帮助我们合理规划和安排放学后的时间，这个方法和一个动物有关，你猜是什么？

儿：妈妈，你给我一些提示，是和什么相关的动物？

我：它生活在水里，有时候也会到陆地上来。

（这里用游戏的方式引入，有联结感，也会更轻松。）

儿：原来是青蛙呀。这跟我们完成任务有什么关系？

我：我们把需要完成的每项任务当作一只青蛙，完成一项任务，就是吃掉一只青蛙。

儿：青蛙可怎么吃啊，我不喜欢吃。

我：就是一种比喻啊，你可以想象一下。

儿：有的人可能喜欢吃青蛙。

我：是呀，那你想想看，你今天都有哪些青蛙需要吃掉？

儿：我今天有预习作业，有练琴，还有练字。

我：你决定先吃掉哪一只青蛙呢？

儿：我想从简单的开始，一会儿先去练琴。

一开始尊重孩子的选择，开启这个过程很重要。低龄的孩子想从简单的做起也无可厚非，先完成 1 ~ 2 项小任务相对轻松，也更容易有成就感。当孩子有了一些真实体验，父母就需要做一些干预，帮助孩子更加合理地做任务规划。

我：妈妈发现你最近几次吃青蛙时都是先吃掉小青蛙，好几次到最后都没有时间吃大青蛙了。

儿：是啊，我的作业都没时间写了。

我：那你是怎么安排的？

儿：我就是先练了琴，看了小视频（网课），写了字，最后发现没时间写作业了。

我：原来是这样啊，我们一起来看看怎么才能更合理地安排吧。（拿了一个空瓶子，准备了一些大石块、小石块和沙子。）

想想看，如果我们要把这些东西尽可能多地装进这个瓶子里，应该先装什么呀？

儿：应该是沙子吧，沙子比较小，好装。

我：那么装完沙子之后，还有地方装石头吗？我们来试试看吧。

儿：装不进去了。

我：有什么办法可以装更多呢？

儿：（思考）应该先装大石块，再装小石块，最后放沙子，沙子可以漏

　　到缝隙里。

我：我们来试试吧。

儿：居然都装进去了。

我：嗯，那你来想想，我们每天晚上的时间就那么多，如果要完成更

　　多的任务，是需要先吃掉大青蛙，还是先吃掉小青蛙呀？

儿：应该先吃掉大青蛙。

我：嗯，都有哪些任务是大青蛙呢？

儿：学校的作业是大青蛙，读书是大青蛙。

我：那我们明天开始做规划的时候，可以写下来哪一只是大青蛙，哪

　　一只是小青蛙，还可以排出吃掉它们的顺序。

儿：好的。

　　父母希望孩子分得清轻重缓急，能够合理规划时间，懂得"先完成大任务，再做小任务"的道理，仅凭一次沟通是远远不够的，需要在实践过程中，结合孩子的真实体验不断地回顾和调整。

　　另外，还需要将大任务和小任务进行合理配比，避免孩子因为一直做大任务而觉得畏难和疲惫，也避免一直完成小任务而迟迟不能应对更重要的学习任务和挑战。

　　具体到进行每项任务时，需要记录完成时间，训练对时间的感知力。合理预估每项任务的完成时间，也是做好任务管理的一项非常重要的能力。

▶ 语、数、英三个学科，底层逻辑大不同

帮助孩子做好学习规划，还需要父母了解每个学科的底层逻辑。

绝大多数父母知道语文需要大量阅读，数学需要大量做题，英语需要培养语感。但是为什么这么做？具体怎么做？他们却说不出所以然来，于是盲目跟风，做了很多无效的努力。了解各学科的底层逻辑和学习方法，有的放矢，才能在中短期提高学习成绩的同时，培养孩子的各项能力。

2022 年国家颁发的《义务教育新标准》对语文、数学、英语三个学科的核心素养进行了具体描述（见表 16-3）。

表 16-3　义务教育新课标对各学科核心素养的描述

学科	核心素养
语文	文化自信、语言运用、思维能力和审美创造
数学	会用数学的眼光观察现实世界，会用数学的思维思考现实世界，会用数学的语言表达现实世界
英语	语言能力、文化意识、思维品质、学习能力

古人云：读万卷书，行万里路。阅读可以丰富孩子的思想和语言表达，是一种有效的学习方式。语文课本的编写按照字、词、句、段、文不同的层次和节奏展开，以便为阅读和写作打好基础。所以，语文的学习重点是提高孩子的阅读和写作能力。

阅读不只是获知书的内容，更重要的是通过阅读进行思想碰撞，进而打开更丰富的世界。父母可以与孩子就阅读的书目进行更多的交流和探讨，根据孩子的特质进行阅读广度和深度的拓展，让阅读为己所用，而非只是沉浸在阅读之中。比如，表达型的孩子兴趣广泛，容易浅尝辄止，需要父

母助其拓展阅读的深度；思考型的孩子则需要拓展阅读的广度，父母可以为其提供更加丰富的阅读材料。

低年级的数学看起来简单，比如一年级上学期主要学习 20 以内的加减法。但课本的编写以及老师的讲解并不局限于把题目计算正确，而是更加注重理解和逻辑思维，比如提取数学信息，提出数学问题，讲出数学故事。

数学的学习重在基本概念的理解和相互之间的联系，梳理解题步骤，塑造逻辑体系和结构化思维。数学的学习就像盖大楼，地基非常重要。每一层的搭建都是一环扣一环，任何一环出了问题都要及时补救。夯实基础才能让大楼更加坚固。

英语的学习重在持续、有效地可理解性输入。语言的学习分为听、说、读、写四个维度。在英语学习的各个阶段，听力的持续输入都非常重要，旨在为孩子提供一个英语输入的语言环境，培养孩子的英语思维能力。

父母作为资源提供者，需要持续地为孩子提供丰富的、难度适当的英语语言输入材料，确保孩子有效输入、持续输入并稳步提高。

在了解了每个学科的重点和底层逻辑之后，父母帮助孩子做学习规划时就可以做到有的放矢，把学校的学科学习和校外的拓展提升更好地进行整合，帮助孩子更全面地发展。

▶ 自驱小马达：家庭卧谈会

每周安排一个固定的时间，全家在一起开家庭会议。家庭会议要根据自己的家庭节奏合理安排，需要全家人都处于放松的状态，并且不赶时间。我们家选择在周六晚上，全家人睡在一张床上，关灯之后开始家庭卧谈会，并且第二天不用早起。

家庭会议可以有几个简单的议题，全家人轮流主持，确保每个人都有机会当主持人，这样更有仪式感。

家庭卧谈会的简单流程如下。（可以根据自家情况调整。）

今天由我来主持本期家庭卧谈会，我们有三个议题：首先轮流给每个人积极反馈，然后分享自己本周的收获，最后一起讨论一下明天的行程。

现在先来给爸爸反馈。每个人说3点这周对爸爸的欣赏，感谢爸爸为我们做的事，然后给儿子和妈妈反馈。（顺序可以调整，每次有变化。）

现在每个人分享自己这周的收获，你学到了什么？或者有什么体会？妈妈先来示范一下。（卧谈会持续一段时间之后，如果家庭中有什么需要全家人参与讨论的议题，也可以放在这里讨论，但不要一开始就这么做。）

最后一个议题，明天的行程。我们先看一下天气预报，我的想法是……现在请爸爸说一下自己的想法……最后讨论决定。（有时我们甚至会决定好第二天早饭吃什么，出门之前要准备什么。）

最后，感谢大家的参与，晚安。

孩子学习不专注，先天因素和后天环境都要考虑

▶ 专注力和你想的不一样

曾看到过一张图片，一个男孩坐在爸爸自行车后座上写作业，与周围喧闹的场景形成了鲜明的对比，孩子似乎完全不被打扰。

但有的孩子即使坐在教室里听课，也经常会被窗外的小鸟叽喳声、路过的汽车鸣笛声吸引，思绪不知道飘到哪里去了。

这其实与孩子天生气质中的"注意力分散度"有关。**注意力分散度指的是孩子的注意力容易被周围刺激吸引而转移的程度。**注意力分散度高的孩子，周围只要有一点儿风吹草动，他的思绪就被带走了，如果是在学校上课或写作业，就很难做到专注。

如果你的孩子注意力分散度高，学习时就需要一些特别的安排：比如学习环境要简单、安静，桌面不要有杂物，减少对孩子的干扰；帮助孩子把作业进行拆分，写作业时以每 15 ~ 20 分钟作为一个学习时段，休息一下再进入下一个学习时段；父母陪伴孩子学习，这会让孩子更容易集中注意力。但要特别注意的是，中间不要打断孩子，不要和孩子说话，更不要给孩子纠错。可以提前和孩子约定一个信号，一旦孩子注意力分散，父母就发出这个信号，比如轻拍孩子的后背提醒他专注。给孩子的指令不要太复杂，指令越简单，孩子越容易记住。平时也要花时间和孩子讨论哪些事

情需要关注，哪些不需要关注，告诉孩子发现自己注意力被吸引走时，如何把自己带回来，培养孩子凡事多一层思考；如果孩子在教室里坐在距离老师比较近的位置，会促使孩子更加专注地听课。

安安是注意力分散度很高的孩子，她还有个妹妹。只要安安开始写作业，妹妹就在门外喊姐姐陪她玩，安安很容易就被吸引了，有时姐妹俩一玩起来，安安就完全忘了作业。

妈妈了解了安安的特质后，知道她需要安静的学习环境，就把家庭节奏做了调整。安安和妹妹一起玩时，妈妈抓紧时间做饭；等到安安写作业时，妈妈就陪妹妹在隔壁房间读书，这样，安安就可以不被打扰地专心写作业了。

豆豆的情况则完全相反。他经常沉浸在自己的世界里，别人喊半天都喊不动他。早上的时间本来就紧张，妈妈又是个急性子，导致家里每天早上都鸡飞狗跳的。

其实，豆豆属于注意力分散度比较低的孩子，专注力非常高，当他沉浸在一件事情中时常常注意不到周围的变化，"转场"也需要更多的时间。豆豆妈妈意识到专注力高也是孩子的优点，于是调整了作息节奏，每天多留出 10 分钟，早上的冲突就减少了。

很多父母经常会被老师告知孩子上课注意力不集中，爱走神儿。听到这样的反馈，父母一下就慌了，不知所措。其实，上课走神儿本质上还是没跟上老师的讲课节奏，父母可以有针对性地了解其真正的原因。

表达型的孩子如果在上课之前提前学习了课程内容，上课时就会觉得内容很简单，不想听课了，周围环境中一有风吹草动，他的注意力就被吸引走了。所以切忌让表达型的孩子超前学习，可以让他们使用看题预习法或便签预习法（参见"第20天"），对课堂内容进行一些深度思考，孩子带着问题和任务去听课，更容易专注于老师的讲课内容。

另外，父母也要经常和表达型的孩子探讨，听老师讲课的价值是什么？如果自己已经会了，还可以用什么方式去听老师讲课？重点听什么？如果注意到自己走神了，可以用什么方式提醒自己？

如果思考型的孩子上课也爱走神，则很可能是哪个环节没理解或没跟上老师的思路，一停下来思考就进入自己的世界里了。针对这种情况，可以让孩子加强预习，提前熟悉学习内容，对老师要讲解的新内容形成一个基本的框架解构，上课时知道老师讲到哪里了，听课就会更加专注。

父母还要告诉思考型的孩子，有问题先记下来，下课再解决，帮助孩子学会把注意力集中在听讲上，而不是沉浸在自己的世界里。

父母不要轻易给孩子贴上"注意力不集中"的标签。不同年龄段的孩子，保持专注的时间长短是不同的，儿童游戏治疗师对于"注意力不足"的临床症状做了详细的描述，只有达到以下程度，才可能被定义为"注意力不集中"。

学龄前期的幼儿：持续游戏时间少于3分钟；

学龄期的儿童：忘东忘西，容易分心，持续专注学习时间少于10分钟；

青春期少年：相较于同龄的孩子更无法持续专注学习，无法仔细注意细节，经常忘记约会或约定，持续专注时间少于20分钟；

成年人：很容易忘记约会或约定，无法事前准备或规划需要长期完成的事务。

［资料来源：引自Weis，R（2014）。］

如果你去观察孩子，当他全然投入自己感兴趣的事情（比如玩积木，画画，趴在地上观察蚁虫）时，专注力通常是非常高的。但如果孩子在这种时刻总是被父母提醒和打断，从小没有长时间专注投入地做一件事情的体验，专注力就没办法得到很好的发展。

所以，有一些孩子注意力不集中，是和养育环境有关的。父母太想让孩子学点什么了，太想为孩子做点什么了，总忍不住问孩子各种问题，或提醒孩子做这做那，反而破坏了孩子的专注力。

还有一些孩子专注力不够是由于其自主性需求没有被满足。如果孩子的学习和作业都是被父母催着做、逼着做，做完了还有更多的作业等着他，孩子并不是发自内心地认同学习，而是为了完成学习任务而学习，则很容易出现磨洋工、拖拉的情况。所以，父母希望孩子学习更专注，就要在学习上让孩子拥有更多的自主感和掌控感。

孩子的专注力还受到生理因素和情绪因素的影响。当孩子特别疲惫或有情绪压力时会很难做到专注。如果父母只看到孩子学习不专注的行为，而忽略了行为背后的"根源和真相"，只是从行为上寻求解决方案，不但不能从根本上解决问题，还会不小心站在孩子的对立面，给孩子增加额外的压力。

花花上小学三年级，一直都特别让父母省心，每天都是早早地安排好时间主动完成作业。有一天放学后，妈妈注意到花花一直心不在焉，看起来心事重重的样子，坐在书桌前怎么也进不了学习状态。

于是妈妈让花花先不要写作业，过来和妈妈聊聊天。没说几句话，花花一下子大哭起来。原来，她在学校和同学发生了矛盾，她的好朋友不理她了，这导致她不但后面几节课完全没听进去，回到家也完全没办法写作业。

　　妈妈认真地听花花一边哭一边说。原来，花花特别担心好朋友就这样一直不理她了，也担心第二天上学见面会尴尬，花花很希望跟好朋友和好，又不知道怎么做。等花花平静了，妈妈和她一起讨论了第二天可以用什么方式跟好朋友打招呼。

　　花花感受到妈妈的理解和支持，又有了处理问题的方法，心里踏实了，转身就去认真地做作业了。花花妈妈真正做到了和孩子站在一起打败问题，而不是和问题一起打败孩子。

▶ 专注力是可以通过训练提升的

　　在我的家长课上，每次都会邀请家长分享常见的养育难题，其中拖拉磨蹭的问题是每次必有人提到的。

　　其实拖拉磨蹭也有心理因素的影响。脑科学专家研究发现，哪怕只是想一想你不喜欢的东西，都会激活大脑中一个被称作"脑叶皮质"的痛苦中枢，从而导致拖延。

　　而有趣的是，一旦你开始执行你不想做的那件事，痛苦就会在 20 分钟后消失。所以我经常和我儿子说：**解决痛苦最好的方式，就是现在就开始做那件让你痛苦的事。**

　　神经科学家发现，大脑有两种不同的工作方式，即专注模式和发散模式。当大脑处于专注模式时，意味着我们的注意力正在高度集中，大脑特定的区域会开始工作；而当大脑处于发散模式时，我们的大脑处于放松和自由的状态，没有在思考任何事。

发散模式帮助我们在各种想法之间建立富有想象力的联系，好的创意和想法经常在大脑的发散模式中冒出来。事实证明，**我们的大脑必须在专注模式和发散模式之间来回切换，这样才能高效地学习和工作。**

关于这一点，我深有体会。

写这本书的那段时间，我的大脑经常处于注意力高度集中的状态，但我不会一直保持这样的状态，每天只有 2 ~ 3 小时的时间集中写作，这段时间就是大脑的专注模式。其他时间我会陪孩子读书、散步，听孩子弹琴，阅读，进行户外活动等，让大脑处于发散模式。我的很多好的想法都是在大脑处于发散模式的状态下产生的，等大脑处于专注模式时，我再把这些想法做集中整理，写作就会非常高效。

除此之外，我的很多工作创意和想法都是在洗澡和做饭时产生的。那时大脑没在思考任何事，处于非常放松的状态，大脑的发散模式就开始起作用了。

心理学家丹尼尔·戈尔曼（Daniel Goleman）说，我们可以把专注力视作意识的肌肉，它可以通过锻炼得到强化。利用好大脑工作模式的原理，不但可以解决孩子拖拉磨蹭的问题，还可以有意识地训练和提高孩子的专注力。20 世纪 80 年代，弗朗西斯科·西里洛（Francesco Cirillo）想出了一个办法来帮助那些喜欢拖拉磨蹭的人，该办法被称作波莫多罗技巧，也就是番茄工作法。

番茄工作法最早被用于帮助成年人解决拖拉磨蹭的问题，它对孩子同样适用，只是在使用时会有一些不同。父母在充分考虑孩子的专注时长和学习特点的前提下，可以使用番茄工作法帮助孩子训练和提高专注力。除了花时间训练，以下几点也需要特别注意。

第一，控制孩子使用电子产品的时间。长时间使用电子产品会让孩子的大脑长期处于毒性压力的状态，影响大脑前庭感觉系统的发育。而前庭觉有助于孩子在上课时保持专注。

第二，减少孩子对高含糖量食物的摄入。持续摄入含糖量高的食物不仅会影响孩子的视力发展，还会让孩子的大脑处于过度兴奋的状态而无法集中注意力。

第三，给孩子留出运动和自由玩耍的时间。运动和玩耍会让孩子的大脑分泌脑源性营养因子 BDNF。这好比是大脑的营养剂，会让大脑运转更高效，孩子的注意力也会更集中。

第四，多和孩子玩提高专注力的活动和游戏。通过游戏训练孩子的视觉、听觉、动觉能力（参考"第 6 天"）。

▶ 自驱小马达：番茄工作法

父母帮助孩子在每天进行阅读、练琴、作业等需要集中注意力的任务时可以使用番茄钟。这有助于孩子提升专注力，塑造大脑的神经回路，提高学习效率。

1. 分任务，列清单

每天的"专注时间"开始之前，先和孩子做一个简单的规划。当天有哪些任务，每一项任务需要多长时间，列成一份清单。这样可以培养孩子的规划能力、对时间的感知能力、对完成任务时间的预估能力，以及分清任务轻重缓急的能力等。

2. 抗干扰，不打断

在孩子开始学习任务之前，尽量减少环境中可能分散注意力的事物。比如清空桌面；让环境尽量保持安静；准备好学习用品；提前上厕所、喝水。和孩子约定好，一旦番茄钟开始，中间不能随意停止或被打断。

3. 番茄钟，孩子定

每个番茄钟周期包含20分钟左右的专注时间和5～10分钟的休息时间。根据孩子的实际情况设置专注时间是从10分钟开始，还是从15分钟开始，再逐步增加。尤其对于坚持度低的孩子，一个番茄钟的时间不要太长，否则容易引发孩子的挫败感。一定要让孩子自己给番茄钟定时，而不是大人代劳，这样会让孩子更有自主性。

4. 休息时，要放松

每次休息时间也需要定好番茄钟，休息时间不要做需要沉浸进去做的事情，比如不要看书、看电视或玩手机。可以陪孩子玩个小游戏，看看窗外，也可以吃点零食或做个小运动。

5. 任务完，要反馈

每个番茄钟周期结束后，都让孩子自己在清单后面打钩。这对孩子的大脑来说是一种及时反馈，会让孩子感觉很满足，有成就感。

所有的任务清单完成之后，记得给大脑一个反馈，比如一起吃个甜品，互相击个掌，一起跳一段庆祝的舞蹈或设置一个特别的仪式……这些都会让大脑分泌健康的多巴胺。合适的大脑反馈机制会帮助孩子的大脑建立起健康的多巴胺系统，创造更多的心流体验，这样大脑会更具动机和专注力。

6.好习惯，坚持用

有一点特别需要提醒，经过一段时间的陪伴和坚持，孩子的专注力会得到很大提高，这时父母不要觉得孩子的专注力没问题了，就停下来不再使用番茄钟，这是一个很大的误区。我们的大脑是"用进废退"的，一旦停止使用，已经形成的脑神经回路会发生变化，所以要把使用番茄钟当作一个好习惯坚持下去。

了解大脑的记忆规律，让背诵轻松、高效又牢固

▶ 从短期记忆到长期记忆

读大学时，每次考试我都会把需要背诵的学科放到考试的前一天进行背诵，考试当天早上我会早起，到学校的小树林再把背诵的内容巩固一遍，当天的考试成绩都不会太差。

如今看来，我所采用的正是短期集中记忆的学习方式，也就是所谓的考前突击，这对于需要背诵的学科确实是有效果的。也正因为看起来有效，而让我们忽略了学习的本质并不是记忆，记忆只是学习的一个重要环节。当考试结束后，那些突击背诵的内容很快就会被忘记，对于需要理解和应用的学科，这种考前突击的策略是无效的。

我们来看一下学习是怎样发生的？《认知天性》一书中谈到了学习的三个重要步骤。

第一步，学习新知识，即大脑把学到的新知识转化为短时记忆的过程。比如听老师讲课，看教练示范游泳动作，新背诵一首古诗或乘法口诀等。孩子在学习这些新知识之后，会在大脑中形成短时记忆。这些短时记忆就像贴在墙上的记事贴，如果不能及时回顾和整理，很容易丢失和遗忘，并不会存在很久。

第二步，巩固和理解新知识，即把新知识强化为长期记忆的过程。学

习一个新知识后，在反复练习的过程中，大脑会重新演练学到的东西，把新知识与存储在长期记忆中的其他旧知识和经验建立联系，帮助大脑充分理解这个新知识。就像把记事贴上的内容整理到笔记本上，不仅加深了记忆，还增加了自己的见解。

第三步，实践和应用新知识。学习、记忆、遗忘共同起作用，想让学习成果牢固可靠，需要把学到的知识进行反复提取并应用。通过多次练习、检测、回忆或教授他人，把学到的知识进行提取和应用，记忆会更加牢固。在这个过程中，对知识进行了整理归纳，将其内化成了自己的一部分，也就不再需要"笔记本"了。

那么，怎样才可以把短期记忆转化成长期记忆呢？我们先来了解一下与记忆有关的脑科学知识。

我们的大脑中有一个区域对学习和记忆非常重要，叫作海马体。学习新知识时所获取的短期记忆都会被存储在海马体中，生成新的神经元。睡觉时，新知识会从海马体的神经元传递到大脑皮质的神经元，而大脑皮质是存储长期记忆的大本营。

所以充足的睡眠不仅有助于建立新的神经元链接，还可以清空海马体，为学习新知识腾出空间。

孩子每天获取新知识都会产生新的神经元，如果这些神经元没有被传递到大脑皮质，不久后就会消失（短期记忆）；如果持续产生新的学习经验，那么海马体中的新、老神经元会继续存在并形成神经元链接，在睡眠中传递到大脑皮层，新知识就会转化为长期记忆存储起来。有记忆就会有遗忘。根据德国心理学家艾宾浩斯（Ebbinghaus）发现的关于人类记忆著名的"艾宾浩斯遗忘曲线"，每个学习者都会在48小时内遗忘掉70%左右刚读过或听到的内容，而剩下的 30% 内容则会以稍慢的速度逐渐被遗忘。

所以，**在遗忘之前不断巩固和深化学得的新知识，持续产生新的学习经验，是把短期记忆转化成长期记忆的关键**。根据"艾宾浩斯遗忘曲线"，为了避免短期记忆消失而忘掉大部分新知识，孩子需要在 48 小时内复习刚学过的内容。所以，**帮助孩子养成每日复习的好习惯尤其重要**。

与此同时，使用正确的记忆方法也会让记忆更深刻。如果孩子在复习时只是翻看课本或只看"错题"的正确答案，会产生一种虚假的熟悉感，觉得自己都会了，但考试时还是会出错。最好的方法就是换成主动回忆，比如复习生字词用默写而不是抄写，复习"错题"要遮住答案重新做而不局限于看懂正确答案，这些都是主动回忆的学习方法。

科学证明，大脑努力回忆那个不牢固的记忆点时会产生新的神经元链接，从而加深理解和记忆，这就是"主动回忆"的记忆方法，也叫作"检测记忆法"。《认知天性》一书中提供了一组数据：我们只需要为自己做一次小测验，一周后的回忆率就能从 28% 提升到 39%。

主动回忆，就是在不看课本、不翻笔记的情况下，把学过的内容回想一遍。主动回忆时记不清楚的，就是需要巩固的知识点，需要特别标记出来重复记忆。

最好的复习方法就是让孩子给父母讲述当天学习的内容。孩子能讲出来的，就说明是记住的、理解的；讲不出来的，就是记忆不深刻或理解不透彻的地方，需要重点强化。

帮助孩子养成主动回忆的习惯，是增强记忆力非常高效的方式。我总结了三种非常有效的主动回忆的方法。

（1）填空法。它是指把需要背诵的课文或古诗变成填空题来检测。低年级的孩子可以由父母帮忙；到了高年级，需要背诵的内容增多，孩子在学习新知识时就可以有意识地把重点内容用填空题的方式做笔记，每次复习都先检测再巩固。

（2）提问法。父母可以把关键知识点提取出来提问，让孩子回答。比如写留言条包含哪四个基本要素，部首查字典法分为哪四步。如果孩子能在不看课本的情况下清晰、具体地把步骤回忆起来，才是真的记住了。

（3）卡片法。可以把一些需要强化记忆的知识点或题目做成记忆卡片，在卡片的一面写提示，另一面写答案。再结合艾宾浩斯遗忘曲线进行复习巩固，就可以让记忆更加深刻。

一二年级时，儿子有很多作业都是要求背诵的。我会拿起课本，让儿子直接背诵，遇到磕磕绊绊的地方就标记下来，再重点加强记忆，这样效率就会非常高。

根据学校要求的古诗词背诵清单，自行制作或使用现成的古诗卡片，每3天检测一下已经背过的古诗，并且增加背诵1首新的。根据背诵的熟练程度及时巩固。如此循环往复，完全背熟的卡片就可以收起来，只需要定期回顾。

唐老师的女儿上三年级时，期末考试前在妈妈的陪伴下通过主动回忆和检测的方式复习，语、数、英三个学科都取得了接近满分的好成绩。所以，主动回忆和检测，是经过验证的高效记忆方法。

有一个关键点请父母一定不要忽略：充足的睡眠对于清空海马体非常重要。所以安排合适的家庭节奏，保证孩子的睡眠，也是对孩子提升长期记忆非常关键的因素。此外，户外运动和健康的饮食也为大脑健康提供营养，需要父母给予足够的重视。

▶ 建立行之有效的记忆策略

了解了关于记忆的理论知识和方法，怎样将其应用在孩子的学习中呢？建立一套适合孩子的记忆策略是非常重要的。以孩子的一个学期为学习周期，结合相关的实践经验，我总结了以下对孩子来说行之有效的记忆策略（见图18-1），这也是本书中大多数学习小工具的综合应用。

图 18-1　行之有效的记忆策略

课前预习。我儿子上二年级时已经形成了课前预习的习惯。他每次预习时，我会听他讲一讲下一节课的学习内容，就新课做一些交流。关于预习的具体方法以及不同特质孩子的预习重点和注意事项，后文还会详细介绍。

认真听课。预习环节是为了让孩子带着任务去听课，如果孩子在预习过程中提出了问题，带着问题和思考听课则会更加专注和投入。

课后复习。新课学习后48小时内及时复习可以大大减少遗忘。对任何年龄段的孩子，都可以请他们把当天在学校学习的内容讲述给父母听。讲述的过程，首先是主动回忆的过程。如果发现孩子有哪些部分是模棱两可或不清晰的，父母可以适时提出问题，帮助孩子扫除盲点，加深理解。

这一步看起来很复杂，但其实每天的新知识并不多，养成习惯会让孩子受益匪浅。高年级的孩子还有很重要的一步是整理笔记，整理笔记的过程也有助于将短期记忆转化为长期记忆。

经过复习，梳理出当天的重点、难点、易错点、遗忘点和混淆点，可以制作成记忆卡片。卡片的好处是方便携带，每张卡片的知识点非常少，对孩子来说数量可控，不会产生畏难情绪，也不会因为数量太多而抗拒。对于动觉型的孩子来说，尤其适合这种亲自动手制作卡片的学习方式，这会让他们更加高效和专注。

单元复习。如果制作了记忆卡片，单元复习会变得简单和清晰。利用周末时间把一个单元的记忆卡片放在一起进行梳理和回顾即可。

还可以把一个单元的内容整理成思维导图，这是对知识进行再加工的过程。知识点不再是记忆的碎片，而是按照自己的思考和逻辑整理成了知识体系，内化成孩子的一部分，可以随时调取和应用。

单元检测。我不反对大量做题，大量做题是一种检测记忆的方式，尤其在新知识的初学阶段，有助于孩子筛选出记忆和理解的盲点。

针对这些盲点，父母和孩子可以互相出题，一起讨论易错题的考察重点，揣摩出题人的意图，这样有助于孩子从多角度加深对知识的理解。如果孩子在这个过程中有新的思考和发现，可以补充制作记忆卡片或补充思维导图。

错题整理是非常重要的一环，不仅要把错题修正过来，还需要分析出错原因，总结解题步骤。孩子错过的题大概率还会错，所以整理错题、分析错题和复习错题都非常重要，还可以将重要的错题制作成错题卡。期中期末综合复习时，错题是一个复习重点（在"第20天"中会介绍三步错题法）。

综合复习。综合复习不只是把课本内容从头到尾回顾一遍，而是要策略性地查漏补缺。之前学习过程中制作的记忆卡片、思维导图，整理好的错题，都可以帮助孩子更有目的地高效复习。有了这套行之有效的记忆策略，孩子的学习会非常高效。

辰辰一直在数学学习上有困难。辰辰妈妈参加了我的家长课之后，和辰辰一起制作了数学学习卡片。他们总结了每个单元每个信息窗的核心知识点，并重点总结了错题。在总结的过程中，辰辰妈妈听辰辰讲，并适时提出问题，把整理的卡片装订成了一本取名"辰辰的数学宝典"的手册，还增加了例题。

他们把这个手册做了两份，家里一份，车里一份。有时间时，就会拿起来翻一翻，互相测试一下对方，经过这个过程，辰辰对数学学习有了很大信心。

需要提醒的是，这是一个综合应用的过程，需要父母和孩子一起反复实践和调整，甚至花上几年的时间才能真正做到。

一开始可以从孩子的特质出发，从任何一个你最有感觉的学习点切入，只聚焦于做一件事。一件事情形成惯例后再尝试增加，不要对自己太苛责（当我们带着压力和焦虑去实践时，孩子是完全感受得到的）。把这个过程看作与孩子一起成长的过程。

▶ 自驱小马达：卡片记忆法

制作卡片的过程，不只是抄写下来，更是加深理解的过程。对低年级的孩子来说，制作卡片本身就是一件特别有成就感的事情。低年级开始并练习使用记忆卡，到了高年级则可以以此进行高效的学习。

我以儿子用"记忆卡片"和"目标跟进时间表"结合的方式背诵九九乘法表为例，给大家介绍一下记忆卡片的制作和使用方法。

第一步，制作记忆卡片

（1）卡片的一面是提示，另一面是需要记忆的内容。比如正面写"6×7"，背面写"42"，可以让孩子说一说，6×7代表什么含义；反过来，42可以代表什么？制作记忆卡片的过程，也是理解的过程。

（2）每天花15分钟左右制作记忆卡片。可以和孩子约定，每天做2～3个乘法卡片，妈妈在正面写算式，孩子在背面写答案。答案让孩子自己通过加法一张一张算出来，而不是简单地抄写。

（3）根据孩子的实际情况，分成5～7天制作完成（相当于孩子自己用加法把乘法表计算一遍）。

第二步，使用记忆卡片

（1）在制定目标和具体计划之前，先用做好的卡片做一遍检测。把孩子已经完全熟练的卡片拿出来，不熟练的卡片数一下一共多少张。让孩子来决定每天背诵几张卡片。这个过程一定要充分考虑孩子的自主性、胜任感和归属感。

（2）我和儿子制定了一个目标：用3周时间把九九乘法表从现在的不熟练到随机拿出一张都可以快速说出答案。

（3）每天背诵3张新卡片，把旧卡片检测一遍，然后把新旧卡片混到一起，随机抽取一张检测。每天重复进行，直到所有卡片背完。

第三步，巩固记忆

（1）把所有的记忆卡片都复习一遍，先使用正面，让孩子看算式的一面说出答案；再使用反面，这个数可以由哪几个算式得出，把不熟练的记忆卡片拿出来重点记忆。

（2）可以每天花 3 ~ 5 分钟针对不熟练的记忆卡片进行检测，直到全部熟练到不需要思考，脱口而出。

怎样提高孩子的理解能力？父母学会提问是关键

▶ 从长期记忆到条件反射

了解了短期记忆转化成长期记忆的过程，你可能会有一个疑问：理解和记忆到底有什么关系呢？有时候孩子就是死记硬背记住了，怎么能确定孩子是否真的理解了呢？

确实，记忆并不意味着真正理解，但对知识的理解是有助于记忆的，也会影响孩子的学习效果。只有对知识做到了真正理解，才能进行到学习的第三步，也就是可以对知识随时调取，就像条件反射一样让知识为己所用，不需要花太多时间进行回忆和思考。

这里我们需要谈到"知识留存率"这个概念，指的是大脑记住的内容在一个人所学知识中所占的比例，而对知识的理解程度提高有助于提高知识留存率。20 世纪 50 年代，美国著名视听学习专家埃德加·戴尔（Edgar Dale）提出了"学习金字塔"理论（见图 19-1）。该理论认为，单纯地听讲和阅读，知识留存率只有 5% ~ 10%，即使加上音视频以及看老师演示的学习方式，知识留存率也只有 30%。

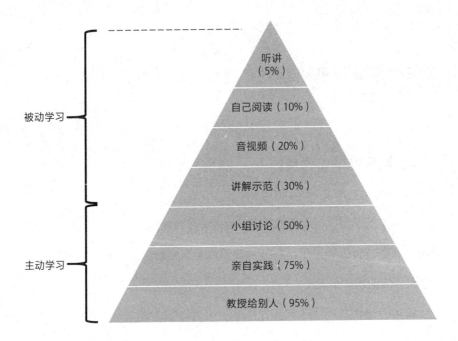

图 19-1　学习金字塔

从事家庭教育以来，我研发了线上线下各种形式的父母课程，其中线上训练营的学习方式最为方便，学员可以随时听课，看老师演示，但知识留存率只有 20% ~ 30%。其实，听课、阅读、看演示，都是被动学习方式。学习者被动地接收知识，仅处于学习的第一步。但不幸的是，这些被动学习的方式恰巧是孩子在学校的主要学习方式。可以见得，如果孩子只是完成在校学习，知识的留存率只有 30% 以内。

而学习者如果采用主动学习的方式，会大大提高他们对知识的理解深度，从而大大提高知识留存率。

比如，在我的父母课堂上，我增加了案例拆解、现场演练、小组讨论和现场互助部分，引导学员用学到的知识和方法解决具体挑战。如果使用过程中有任何问题，随时停下来进行讨论讲解。这样做大大增加了父母对知识和方法的理解，知识留存率可以提升到 50% ~ 75%。而我讲授的所有课程最大的受益者是我自己，因为通过教授给他人，我的知识留存率可以达到 95%。

所以，父母最重要的任务是给孩子创造一个主动学习的环境，提高孩子对知识的理解程度，从而提高孩子的知识留存率。一个非常可行的方法是，父母和孩子进行角色扮演，让孩子当老师，把自己在学校学到的内容讲给父母听，这样不仅可以增加孩子学习的自主感、胜任感和归属感，还可以大大提升孩子的知识留存率。

我儿子一年级学习拼音时总是有一些混淆不清，于是我用暑假的时间陪他一起录制了"Oscar 的拼音小课堂"。我们一起制定了拼音学习目标和每节小课堂的讲解思路，为了把拼音小课堂讲好，他非常积极和投入。再辅以每天 5 ~ 10 分钟的拼读练习，他的拼音学得非常扎实。

那么该怎样提高孩子的理解能力呢？

理解能力是比记忆知识更高级的一项能力。《学习的格局》一书中提到，理解能力包含三个层次：语言转换的能力；解释和说明的能力；更多地思考和探究的能力。这有助于我们更清晰地帮助孩子提升理解力。同时在孩子遇到理解障碍时，也可以通过这三个层次帮助孩子锁定问题，并有针对性地为孩子提供支持。

1. 语言转换的能力。该能力指的是在理解后，有能力用自己的话把学习的知识和内容表述出来。比如用自己的语言复述故事，认识一个新的汉字和单词。

2. 解释和说明的能力。对一项信息或内容理解后，有能力进行对比说明、解释或概述。比如用总结关键信息、要点和步骤，举例子等不同方式解释新知识。

3.更多地思考和探究的能力。在新旧知识之间建立联系，并拓展新知识的应用场景。比如新知识用到了之前哪些旧知识，有什么相同和不同之处，能不能举个例子，以及能否想到更多的使用场景等。

我们可以看到，理解能力的三个层次都是围绕基础知识和基本概念展开的。这说明，**孩子的理解力差异，本质上还是对基础知识和基本概念掌握得扎实和牢固程度的差异。**这让父母更好地理解了孩子"底子薄，基础差"的真正含义，并找到了更好的抓手。

为了帮助孩子提高理解能力，父母可以针对这三个层次做工作。

第一层：让孩子把老师上课讲的内容讲给父母听；

第二层：让孩子用不同的方式对新学的知识进行解释和说明；

第三层：在不同的场景中不断提取和应用这个新知识。

比如孩子学了一首诗歌。

第一层理解是把这首诗歌背诵出来，把诗歌的含义讲清楚。

第二层理解是说一说作者用这首诗歌表达了什么中心思想，过去有没有学过其他类似主题的诗歌。

第三层理解是说说作者在什么时代背景下写的这首诗歌，当时作者的心境如何，你对作者的心情是如何体会的？你在哪里见过类似的场景，这首诗歌的哪一句最能表达你的所思所见？你是否也可以写一段话或仿写一首小诗歌？

再比如孩子学习乘法表。

第一层理解是简单的背诵和会做基础运算题。

第二层理解是让孩子解释说明一下乘法代表的含义。比如 6×4，换成加法算式是怎样的？可以让孩子把所有的乘法算式用加法计算一遍。还可以让孩子用积木摆一摆，理解一下乘法和加法之间的联系。通过计算和动手操作，真正理解乘法的含义。

第三层理解是，在学习上用乘法解决应用题，在生活中用乘法解决具体问题。比如数多个东西的时候，买东西的时候，随时用乘法算一算。

2022 年高考数学的一个基础公式推导题目，难倒了绝大多数考生。如果学生对基础知识掌握得非常牢固，在学习这个公式时不是简单的背诵，而是通过自己的推导真正理解了这个公式，相信就不会被难住了。

我儿子在二年级学习了"角"这个概念。我发现，如果让他说一下"角"的定义，他可以说得很清楚：一个顶点两条边。但是做题的时候，给出一些图形让他选出哪些图形是角，他还是会选错，比如扇形上面两个就不是角，因为其中一条边是弯的。

通过这个错题，我就发现了他理解的盲区，于是带他一起把"角"的概念加深了一层理解：应该是一个顶点，两条直直的边。吃饭时我发现，我家的餐桌两边就是弧形的，就顺口问了儿子一句，这个是"角"吗？他说，不是的，因为这条边是弧形的。我还鼓励他问一下爸爸，结果爸爸真的说错了，他还认真地给爸爸解释了那个为什么不是"角"。于是他对角这个概念的理解就更扎实了。

通过这样在生活中的应用，他对于"角"这个概念是真的理解了。

▶ 通过提问激发学习自驱力

有的父母担心，我自己都不理解那个知识，怎么去提高孩子的理解力？从某种意义上讲，正是父母的"无知"为孩子创造了表达和展示自己的机会。

前文提到，父母要发展对孩子的好奇。对孩子的好奇，就是一种"我不知道"的心态。带着这样的好奇之心，父母可以通过提问来帮助孩子提高理解能力。如果父母在某个领域太擅长，就很难做到保持"无知和好奇"之心去面对孩子，总想给孩子做各种解释和说明，反而限制了孩子独立思考和发展理解能力的机会。

所以，父母学会提问，是支持孩子学习和成长非常重要的软技能。不仅如此，父母还可以把这种提问能力带给孩子，激活孩子的学习自驱力。那么父母该如何提问呢？

首先，重视孩子的"为什么"。 多听孩子说一说，不要着急给答案，更不要敷衍孩子。当孩子问"为什么"时，可以通过提问回应孩子，适当地追问一些问题，引发孩子做更多的思考和探索，并对孩子表达的观点表示欣赏，鼓励孩子从不同的视角看问题。可以参考理解能力的三个层次来追问。

你是怎么想的？你学到了什么？那是什么意思？

可以给我举个例子吗？

这一点我还不太明白，可以给我解释一下吗？

这里用到了你以前学过的什么知识？它们之间有什么联系？

在其他地方还可以用到这个知识吗？

其次，避开提问的几个误区。

不要总是质问为什么。稍加留心就会意识到，当孩子做错题或考试成绩不好时，我们会无意识地问出下面这些问题。

这么简单的题，你为什么还会做错？

都讲了多少遍了，你怎么还是搞不懂？

你为什么总是那么粗心大意？

这样的"为什么"实在没有意义。一方面，如果孩子知道为什么，也就不会做错了；另一方面，总是被问为什么，孩子感受到的是被质疑，是自己犯了错误被指责。

犯错误其实是成长的机会，做错题正是提高学习成绩的开始。父母只有从本质上改变对孩子犯错的看法，才能减少下意识地质问孩子为什么。

把"对孩子否定的提问"转换成"对孩子好奇的提问"。

比如看到孩子很晚了还不开始写作业，会忍不住问：都几点了你还不去写作业？

换成：现在已经8点了，你今天的作业预计要花多长时间？你准备几点开始写？

再比如孩子放学回家，问孩子：你今天被老师批评了吗？

换成：今天你学到了什么新知识？

相信你已经注意到了，这里结合了使用"描述性语言"的沟通方式。好奇的提问可以给孩子留出一定的思考空间，让孩子有机会重新审视自己；而否定的提问会让孩子进入防备模式，无意识地陷入与父母的对抗，根本无暇思考。

把"封闭式提问"换成"开放式提问"。

封闭式提问就是只能用"是"或"不是"来回答。对孩子来说，回答完了就算了。孩子面对封闭式问题不知道该怎么回答时，还会用一句"不知道"来回答，完全没有思考的空间。

开放式提问则更加开放和多元，更自由也更自主，更容易让孩子得出"这是我的答案"的感觉，从而引发孩子更强的学习自驱力。

比如把"作业写完了没？"换成"今天的作业你觉得最难的是什么？最简单的是什么？"

"今天你交到新朋友了吗？"换成"今天在学校有什么有意思的事情发生吗？"

最后，学习一些提问的方法，有两点很重要：要问具体的问题，以及从孩子的角度出发问问题。我自己做课程研发时会用到一个提问的基本框架，叫作 5W1H 提问法（见表 19-1）。这个框架同样适用于家长给孩子提问，以及孩子对所学的知识进行提问，只是在使用顺序和侧重点上有所不同，表 19-1 列出了父母可以针对性提出的具体问题。

表 19-1　5W1H 提问法

5W1H 的含义	父母提问
对象（what）	学到的新知识具体是什么 你可以背下来吗？可以用自己的语言描述一下吗 中心思想是什么？告诉了我们什么 这个单词的含义是什么
时间（when）	这个问题在什么时候会遇到 这个新知识是什么时候发明（发现）的 作者写这篇文章是在什么时期
地点（where）	在哪里发生的？在哪里会用到 描述的是什么场景 那个地方现在是什么样子？和过去有什么不同 这个单词可以用在哪里

（续表）

5W1H 的含义	父母提问
人物（who）	作者是谁？这个理论是谁发明的 对谁有用？对你有什么启发吗
原因（why）	这个新知识是怎么来的？公式是怎么推导的 作者这样的描述是基于怎样的想法呢
方法（how）	我们可以怎么应用这个知识点呢 具体的操作步骤是怎样的 用这种方法和以前的方法有什么不同吗 这个单词还有什么不同的用法吗

父母都希望孩子从自己的经历中学到一些道理，希望成功的经验可以复制，犯过的错误不再重复，却经常忍不住用唠叨、说教的方式给孩子灌输大道理。父母唠叨多了，孩子不但听不进去，还会反感。换成提问的方式，就让事件的主体变成了孩子，同时还会引发孩子的思考。

在我的线下父母工作坊中，我会带领学员进行一系列的体验活动，然后通过不断地提问来引发父母的思考，这种体验式学习的方式可以帮助父母结合自己的具体养育挑战更好地进行反思和觉察。

这样做的好处是，父母结合自己的现场体验进行反思，理解更深入，学习效果就会更好。这些提问方法也可以用于父母和孩子的互动。其中最常用的提问方法就是 4F 提问法，这种提问方法由英国体验教育专家罗杰·格林尔威（Roger Greenaway）提出，他归纳出四个提问重点，分别是：事实（facts）、感受（feeling）、发现（finding）、未来（future）。

把这四个提问重点换成四种提问方式就是：

问事实：发生了什么事情？

问感受：你感觉怎么样？

问发现：你对自己有什么发现？对他人有什么发现？

问未来：你觉得这对你今后有什么帮助？

有一年国庆节，假期已过完一半，儿子突然想去游乐园玩，但他的作业还没做完。于是我提出最后三天的安排：用一天的时间完成作业，一天的时间去游乐园，一天的时间休息调整。儿子虽然觉得用一天完成作业有点困难，但为了去游乐园，还是决定试试。

写作业的那一天确实不容易，那是他小学生涯中第一次持续一整天都在写作业。那一天，我们一共完成了 9 个番茄钟，除了学校作业，还整理了语文和数学一共 3 章的思维导图。

晚上睡前分享的时间，我就用了提问的方式和孩子互动。

我：儿子，今天晚上有什么想聊的吗？（问事实）

儿：我真没想到一天就能把作业做完。

我：你自己都没想到，一天就能完成作业，你感觉怎么样？（问感受）

儿：我感觉很好。

我：是不是觉得很有成就感？（帮助他确认自己的感受）

儿：是的，有点儿成就感。

我：那你对自己有什么发现吗？（问发现）

儿：我觉得我能坚持。

我：哦，你觉得虽然很不容易，中间也有些烦躁，但自己还是坚持把作业写完了。

儿：是的。

我：你觉得这对你今后的学习有什么帮助吗？（问未来）

儿：以后学习的时候，我也能做到坚持。

除了以上具体的提问方法，还有很重要的一点，就是多从孩子的角度出发问问题，多问问孩子是怎么想的。鼓励孩子多表达自己的想法，对孩子的表达给予正向的反馈，让孩子知道他的想法很重要而且是被重视的，这样孩子就愿意更多地思考和表达。

不同特质的孩子，他们对知识理解的层面有所不同。表达型的孩子兴趣广泛，爱表达，学东西很快，但是他们往往浅尝辄止，思考深度不够。对表达型的孩子，父母可以用 5W1H 的提问方法进行提问，针对同一个知识点，引导他们对知识进行更深度的思考和理解。

思考型的孩子不爱表达，更善于观察和思考，他们擅长在知识之间建立联系，但对知识理解广度不够。父母可以通过 4F 提问法帮助孩子更发散地思考，在知识之间建立联系，并构建自己的知识体系。这一点会在"第21 天"中结合思维导图的提问方法展开来讲。

值得一提的是，不管是父母提问，还是孩子回答，最初都是不容易的。父母不知道怎么提问，孩子不知道怎么回答，都是很正常的，要坚持尝试，并学会等待，给彼此一些时间。这个过程也是重塑我们的大脑思维模式的过程，需要一段时间的刻意练习。

如果孩子在低年级，全家人可以针对同一个知识点进行头脑风暴，提出各种各样的问题。这样，随着孩子年龄的增长，他就可以针对学到的任何一个知识点进行自我提问，而不是简单地死记硬背。提出问题的过程就是深度思考和加深理解的过程，这样的学习是更加高效的。

▶ 自驱小马达：反思性对话

除了通过提问帮助孩子提高理解能力，父母还可以通过反思性对话，用语言谈论孩子的内在状态。研究表明，当父母花时间用语言来反映孩子的心理体验时，比如识别他们的感受，实际上就是在发展孩子的大脑。

我在参加脑科学大师丹尼尔·西格尔（Daniel Siegel）博士的全脑养育父母工作坊时，了解到反思性对话的步骤，整理如下。

1. 发起一个具体话题。邀请孩子针对具体事件进行 10 ~ 15 分钟对话，比如针对孩子这学期换了新老师这件事，问问孩子：这学期又换了新老师，你对这件事是怎么想的呢？

2. 观察孩子并展开对话。和孩子交流的过程中，仔细观察孩子的表情和动作，体会孩子的心情，并将你观察到的用语言反馈给孩子。比如：我注意到你很轻松，比起上学期，你对这件事更容易接受了。你对换老师这件事的适应能力更强了。

3. 继续谈论同一话题或倾听孩子。如果孩子认同你的观察，可以继续谈论这个话题，通过提问和反馈，孩子会愿意分享更多。

4. 表达好奇。如果孩子不认同你的观察，可以表达好奇："是吗？原来你是这么想的呀，可以多说一点儿吗？"如果你体会不到孩子的感受，可以邀请孩子多做分享，也可以使用"睡前情绪分享"的学习小工具更好地了解孩子的感受。

掌握高效阅读的两大技能，各个学科都受益

▶ "提取关键信息"和"归纳总结"，让学习更高效

我在工作中接触了成千上万的父母，他们给我讲自己遇到的各种养育挑战，经常是一些琐碎的描述。我一方面承担了倾听者的角色，另一方面也需要在最短的时间内帮助对方找到问题的核心，并给出一些解决问题的方向。

随着工作经验的积累，我发现大部分情况下，我可以快速精准地找到问题的核心，这其实就是长期的刻意练习帮助我锻炼了快速提取关键信息的能力。这个能力可以应用到我工作中的方方面面。

我在备课时会首先澄清本次课程我要呈现的核心要点是什么；在讲课时，我也会提前梳理好要讲述的关键知识点是什么；每次主持读书会和工作坊后，我会写一篇复盘文章，为每一位参加活动的父母提取一个关键词，并围绕这个关键词复盘我们在课程中谈到的话题。在写这本书时，我也反复提取了关键信息，确保每一个要点和案例都能精准地支持我想表达的观点。这种提取关键信息的技能大大提高了我的工作效率，也让我和我的学员更加贴近。

所谓提取关键信息，就是从一段描述中把最能代表核心观点的信息提取出来。它可以是一个关键词，也可以是一个核心问题或核心观点。

　　我曾研发了一套高效读写的课程，将"提取关键信息"作为一项核心技能，在30天的时间里，带着大家通过阅读和写作刻意练习这项技能。参加过的学员反馈特别好，认为这项看起来特别简单的技能，给她们带来了很多改变，其中一位妈妈的实践让我非常惊喜。

　　岚星是一位特别爱学习的妈妈，女儿上小学之后，她变得特别焦虑。参加了我的家长课之后，她意识到给孩子做积极正向的反馈的重要性，但是在实际应用时，总是说不到点子上。

　　自从学习了"提取关键信息"这项技能，她每天写一篇亲子日记，记录女儿的闪光点。她会提取一个关键词，并写下这个关键词背后，她对女儿的观察。她坚持这样做了很久，和女儿的关系变得很和谐，女儿也因此爱上了学习，自驱力满满。

　　后来，在陪伴儿子学习的过程中，我发现"提取关键信息"这项技能可以用在孩子学习中的方方面面。从小培养孩子抓重点的能力，可以让孩子大大提高学习效率。孩子有成就感，就会有自驱力。

　　其实，2022年《义务教育新课标》在对语、数、英三个学科的核心素养描述中无一例外地提到了语言运用能力和思维能力，"提取关键信息"是这两项能力的重要体现。仔细观察一下学校教材的编写和学校老师授课的过程，我们会发现学校十分重视并在着重训练孩子的这两项能力。

　　以语文为例，部编版教材一年级下册语文园地六，就是围绕"夏天"这个关键信息进行编写的。选取的诗词《池上》和《小池》，以及课文《荷叶圆圆》和《要下雨了》，都是围绕夏天的场景进行描写的。孩子在做单元总结时，如果把这条信息提取出来，对课文的理解就加深了一层，将来写关于夏天的作文时，这些课文里已经有的素材就可以信手拈来。

再比如二年级上册语文园地一，就是围绕"动词"这个关键信息展开的。选取的课文中涉及的动词，用于描写动物、植物，以及水等多形态事物，帮助孩子全方面地认识和应用各种动词。

我在儿子的课本上看到他做的标记，比如课文《文具的家》，他写的是：要爱惜文具；比如课文《咕咚》，他写的是：遇事多动脑筋。说明老师在讲解课文时也会引导孩子针对一篇课文"提取关键信息"，为阅读理解和写作做充分的准备。

当然，提取关键信息之后，还需要用自己的语言进行有条理的、逻辑清晰的表达和输出，这就是归纳总结能力。不同年级的阅读理解题目，也是在循序渐进地训练孩子的这两项能力：一二年级的孩子只需要从原文中找出关键句，用原文回答问题；到了高年级，就需要归纳总结成自己的话表达了。这两项能力不只是高效阅读的两大重要技能，也可以用到孩子学习的其他各方面。

我总结了提取关键信息和归纳总结这两项技能在学习上的 4 种应用，应用的过程也是训练能力的过程。值得一提的是，以下 4 种应用并不是独立存在的。

（1）**预习和复习，提高学习效率**。预习是为专注听课服务的，而复习本质上就是通过"提取关键信息"的方式对知识进行再加工，用自己的语言进行归纳总结，深入理解并形成自己的知识体系的过程（见下文的康奈尔笔记法）。赵周老师在《如何培养孩子自主学习力》一书中介绍了便签预习法和看题预习法两种预习方法。

"便签预习法"就是让孩子带着 4 个问题去预习，即"带着目的阅读"：这一课主要讲什么？这一课要解决的新问题是什么？要用哪些新的方法？

新方法和学过的哪些概念、方法有联系？"看题预习法"是通过浏览课后练习题猜测预习便签上的 4 个问题，这两种预习方法用到的就是这两项能力。

对于低年级的孩子来说，这样的预习并不容易。父母可以陪孩子一起先用"便签预习法"预习，让孩子把这四个问题说一说。不必在意孩子说的对错或多少，可以告诉孩子：你是这样想的呀？你上课的时候听听老师是怎么讲的。这样的方式可以促进孩子更加专注地听课。随着孩子年龄的增长，再用预习便签法则会顺理成章。

通过预习，孩子对知识进行了初步的思考，带着自己的思考和问题去听课，效率会更高。在课后复习时，父母除了让孩子讲一讲老师讲课的内容，还可以有意识地训练孩子的这两项能力，比如用一句话总结本节课或本单元的重点。

我儿子在学习乘法时，课本的设置并不是直接讲乘法，而是用了大量的篇幅来让孩子列加法算式，最后总结出乘法算式。父母就可以问问孩子，这部分学习的内容，说明了加法和乘法有什么关系？虽然老师可能也会讲解，但孩子如果可以用自己的语言总结出来，理解的层次就会很不一样。

（2）**康奈尔笔记法**。这是一种国际公认的高效笔记法，由康奈尔大学的沃尔特·鲍克（Walter Pauk）教授根据达·芬奇笔记总结而成，包括记录（record）、简化（reduce）、背诵（recite）、思考（reflect）、复习（review），具体做法是把笔记本分为三个区域，分别是记录区、要点区和总结区（见图 20-1）。

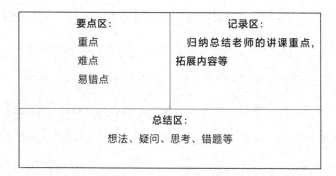

图 20-1　康奈尔笔记法

右上方是记录区，用来记录老师讲课的重点和拓展内容等。不必面面俱到，尽量用精练的语言。这部分旨在训练孩子的归纳总结能力。

左上方是要点区，需要用到"提取关键信息"和"归纳总结"这两项技能，提取出本节课的重点、难点、易错点，也就是知识要点。一方面加深记忆，另一方面把课堂内容进行加工和整理，这项工作需要在课后48小时内进行，以减少遗忘。

最下方是总结区，通常在复习时进行，可以用"主动回忆"的方法先对笔记内容进行回忆。这时要点区的功能就很重要了，用手捂住记录区，根据要点区的提示回忆老师讲的内容，如果有什么想法、疑问、思考，可以写在总结区。

（3）**整理错题**。错题是孩子学习的一大利器，一定要好好用起来，但是怎么用才是高效的，很多孩子并不清楚，父母可以为孩子提供一些支持。父母通常不能理解，为什么孩子错过的题还会一错再错。其实错题的考点通常是孩子知识理解的盲区，因为理解得不够透彻，所以反复考还会反复做错。**改错并不是简单地把错题改正过来，而是借由错题找到知识理解的盲区。**

我曾在儿子的课本和练习册上做过错题的标记，发现在刚学习时做错的题型，很大一部分在复习时还会做错。这个重复做错的部分就是孩子理解的盲区。错题的价值就在于复习时可以重点关注，集中攻克。

很多父母把做错题统一归因于"马虎、粗心"，这是远远不够的，甚至可能导致真实的错误原因被忽视，从而导致孩子一错再错。把错题原因进行分析整理和归纳总结，将其大致分为书写不规范（比如忘记标记进位或退位）、草稿纸杂乱、理解不透彻、熟练度不够或不够专注等。只有找到真正的错题原因，才能从根源上解决错题。

（4）**制作思维导图**。思维导图是一项综合工具，通过对学习内容进行关键信息的提取和归纳总结，在知识之间建立新的联系，加深记忆和理解，并形成自己的知识体系。在"第21天"中，我们会详细介绍思维导图的制作方法。

▶ 数学同样需要高效阅读能力

我们以数学为例，帮助大家更好地看到这两项能力的具体应用。先来看一下读题时学会圈出关键词的重要性，这还是我儿子告诉我的。老师在学校都会教给孩子，重要的是父母要帮助孩子从一年级开始养成好习惯。圈关键词还有助于孩子做题时更加专注。

例：小松鼠家原来有几只松果？

关键词是：原来。

题目做多了，对圈出来的关键词就可以进行归纳总结了。比如：一年级的学习重点是加减法以及用加减法解决问题。那么到底什么时候用加法，什么时候用减法呢？这是可以用关键词进行总结的。

比如：遇到"一共""合计""总共""原来"一般用加法；遇到"还剩""还有""还需要"这些关键词一般用减法；还有一些关键词需要混合运算，比如"够不够"。孩子只有把基础的加减法搞清楚了，理解混合运算时才不会混淆。通过提取关键信息和归纳总结，可以让孩子对知识有更清晰的理解和掌握。

例：妈妈给了丽丽20元，一个本子8元，一个铅笔盒6元，丽丽的钱够不够买这两样东西？

答：够。

$8 + 6 = 14$（元）

$20 - 14 = 6$（元）

有一些题目要求孩子提出数学问题并解答，所以弄清楚了加减法的关键词，孩子也更容易提出问题。其实，孩子的数学课本中很多题目的设计已经考虑到训练孩子抓取关键词的能力了。

例如：小明收了20节废电池，小林比小明收的多一些，小白比小明收的多一点儿，小田和小明收的同样多。请在正确的数字下填写名字。

20	28	20	21
小明			

这时，孩子就需要仔细甄别"多一些""多一点儿"和"同样多"这些关键词之间的差别。

我们再用一个具体的例子来看一下整理错题时对题目进行分析归类的

重要性。很多题型是随着年级的增长逐步增加考察难度的，但本质上却是同类题型。

比如以下一~三年级的3道题目，我把这类题目总结为"切割题"。随着年级升高，考察的难度有所增加，但本质上切割是第一步，如果孩子在一年级没有把"切割"这个基础知识点搞清楚，到了二年级，就很容易在这类题目上出错。

一年级：一根绳子剪成3段，需要剪几下？

二年级：一根木头锯3次，锯完后每段长2米，这根木头原来长多少米？

三年级：一根铁丝长80厘米，用它围成一个正方形，正方形的面积是多少平方厘米？

我们再来看一道小学奥数题：豆豆将一根木头锯成3根需要7分钟，那么要把这根木头锯成7根需要多少分钟？

这道题可以用乘法或加法来做，需要画图辅助。但同样地，正确切割是第一步。

所以，父母需要关注孩子的数学阅读能力。学生智力发展的诊断研究表明，造成一些学生数学学习困难的因素之一就是他们的阅读能力差，在阅读和理解数学教材和题目方面有困难。按照认知学习论的说法，阅读是知识重建的过程，阅读过程中，读者与文本产生交互，新旧知识碰撞并产生新的意义。数学中的图表、符号、文字、公式同样需要阅读才能理解。

▶ 自驱小马达：三步错题法

第一步：整理错题

从低年级开始养成整理错题的好习惯非常重要，可以为整理错题留出专门的时间，比如周末进行单元复习时把整理错题安排进去。值得提醒的是，这一步看似简单，整理起来却是个大工程。尤其对于低年级的孩子，错题比较分散，孩子很难独立完成，需要父母的辅助。

有一些简单的方法可以参考，比如用手机把错题拍下来排版打印，裁剪试卷等，这一步怎么方便怎么来。

第二步：分析错题，制作错题记忆卡片

低年级的孩子只需要把错题集中在一起就可以了，只要整理起来就会发现，经常错的就是某一类或几类题型。

高年级的孩子则需要对错题进行归纳分析，重点梳理一下错题原因。对于特别重要的错题，可以把错误的和正确的解法都记录下来，这样回顾时就会更清晰。还可以做成错题卡片，在进行单元复习做思维导图的时候，可以把错题卡片作为一个重要的分支，加深记忆。

错题记忆卡的制作方法：卡片正面写题目，背面写正确的解题步骤和易错点提示。

第三步：复习错题

只是把错题整理下来是远远不够的，如果不进行复习回顾，反而白白浪费了时间。根据艾宾浩斯遗忘曲线，对错题至少要复习三遍，并使用"主动回忆"的方法，不看答案直接做题。做对的，直接略过；不会做的，在旁边标记一颗小星星。每次复习错题都采用这个步骤，对于将来标记小星星的错题务必特别关注，可以将其制作成错题记忆卡。

注意事项：错题不要只看正确答案，一定要遮住答案重新做。看懂和会做完全是两回事。

用对学习方法的背后，是各项能力的综合训练

▶ 思维导图是综合能力的应用

在本书的第三部分，我们介绍了时间规划和任务管理能力、专注力、记忆力、理解力和两大阅读能力。这些能力可以跟随孩子一生：中短期内可以帮助孩子提高学习成绩；从长期来看，也是他适应社会工作的必备能力。而学习方法，则是这些能力的综合应用。

但是，学习仅靠一些方法是不够的。所谓的方法就是学习的工具而已，真正想把工具用好，还需要具体的学习能力。

比如前面介绍的"康奈尔笔记法"，它是国际公认的好学习方法，但如果"提取关键信息"和"归纳总结"的能力不够，也没办法把这个方法用好。当然，反过来，使用好的学习方法的过程也是训练各项能力的过程。

比如，绝大多数父母都知道"整理错题"这个学习方法，但具体到操作层面，错题该怎样整理呢？这里面包含两项重要的能力：分析能力和整理能力。孩子需要分析错题原因，并且把同类型的错题进行整理归类，这样才真正有助于提高学习成绩。

父母往往期待孩子一下子就能做到自己整理错题，却忽略了，整理错题需要的这两项能力也是在不断整理的过程中得以训练和提高的。

花时间陪孩子一起做，在做的过程中训练孩子的能力，是正确使用各

种学习方法的关键。

我们以思维导图为例，详细介绍如何用好一个学习方法，并且在使用过程中训练孩子的各项能力。

2007年，我在外企工作时接触到思维导图，并且把思维导图应用到了工作和生活的各个方面。如果孩子从小学会使用思维导图，不但可以对知识进行整合和梳理，还可以在制作思维导图的过程中训练各种能力。

思维导图的发明者是英国大脑和记忆方面的超级专家东尼·博赞（Tony Buzan）教授。通过思维导图，可以将大脑中抽象思考的过程通过"图文并茂"的发散结构形象化地展示在纸面上。思维导图又被形象地称为"大脑瑞士军刀"。

国际著名脑科学专家丹尼尔·西格尔在《全脑教养法》一书中提到，我们的大脑分为左脑和右脑，左右两个半脑是以完全不同的方式进行思考的，有各自不同的功能。左脑倾向秩序性，是逻辑的、求实的、语言的和线性的；而右脑倾向全面性，是非语言的，它不关心细节和秩序，只关心整体的场景。简单来讲，左脑关注文字，而右脑关注语境。

所以，我们用右脑了解世界、接收信息，用左脑进行信息的加工和逻辑处理，只有左右脑整合运作，学习才会更高效。而思维导图就是一种帮助左右脑整合运作的工具。

思维导图是工具不是目的，其制作过程比最终呈现更重要。有的父母听说思维导图对孩子的学习有帮助，就在网上买来现成的思维导图让孩子学习。殊不知，学习别人制作的思维导图只停留在知识梳理的层次，只有亲自制作思维导图，才能加深理解的层次，构建自己的知识体系。

有的父母则为了训练孩子制作思维导图，让孩子在阅读完一本书之后，制作整本书的思维导图。到底是否有必要这样做，取决于制作思维导图的目的。如果你的目的是让孩子通过把整本书的内容进行框架性整合和再输出来加深记忆和理解，那么制作整本书的思维导图是非常好的方法。

使用思维导图通常有以下几个目的。

记忆工具：用来记忆课文和古诗。把关键信息提取出来，并通过思维导图的分支进行形象化的布局，以帮助孩子更高效地记忆。如果只是将思维导图用作记忆工具，直接用画好的思维导图也可以；如果希望通过思维导图加深理解，则可以花时间自己制作（参照"第5天"中的"自驱小马达"：古诗背诵卡片）。

1. **写作框架**。我自己在备课和写作时，会使用思维导图梳理框架和关键要点。每一个分支写下一个要点，每个要点再往外延伸出案例、具体操作等。把大脑中散乱的信息用思维导图呈现出来，可以帮助我更好地思考和整合知识点。孩子在写作之前，也可以用思维导图整理素材，对照思维导图先讲一遍，最后呈现时会更轻松。

2. **日常规划**。我最早使用思维导图是用来做月工作计划。把当月需要完成的任务、需要整理的资料、需要解决的问题、需要争取的资源等，通过多个分支呈现出来，彼此之间有联系的点就会非常清晰，有利于提高工作效率。对于高年级的孩子，完全可以独立完成这个操作。

3. **预习和复习**。我在本书中反复提到，预习和复习对孩子来说是非常重要的学习习惯。思维导图是非常好用的工具。值得一提的是，用作预习和复习的思维导图一定要自己完成，这个制作过程才是最重要的。

▶ 预习和复习：花时间培养孩子的能力

很多父母都知道，帮助孩子养成预习和复习的好习惯，有助于孩子提高学习效率，从而提高成绩。我们先来分析一下在"预习和复习"这个学习活动中包含哪些具体内容。

1. 孩子是否知道预习和复习的具体方法？

2. 孩子是否可以熟练使用这些方法（也就是说，孩子是否拥有使用这些方法的各项能力）？

3. 孩子是否养成了预习和复习的好习惯？

从预习到复习，孩子完成了学习的过程，逐步加深记忆和理解的层次，把知识内化成自己的一部分，并构建起自己的知识体系。思维导图就是一种可以帮助孩子进行预习和复习的具体方法。为了把这个方法用好，还需要花时间培养孩子使用思维导图的能力，对不同特质的孩子，父母需要关注的重点是不同的。

在"第4天"中，我们谈到了表达型的孩子要侧重于复习，思考型的孩子则要侧重于预习。同样地，针对不同特质的孩子，在思维导图的制作过程中，父母也要通过不同的提问方式给予孩子不同的支持，从而培养孩子不同的能力。

表达型的孩子学得快忘得也快，需要加深学习的深度。所以对表达型的孩子，引导他们及时回顾上课内容非常重要，他们往往能全面地梳理出思维导图都有哪些分支，但对每个分支的拓展不够深入。在制作思维导图时，父母需要针对具体知识点提出具体和深入的问题，帮助孩子加深理解的层次，可以用前文介绍的5W1H提问法提出具体问题，让孩子先说一说，再写下来。

对于表达型的孩子而言，制作思维导图的过程，训练的是孩子深度思考的能力。对于有些问题不一定马上得出答案，带着这些问题去听课，也会让表达型的孩子听课更专注。

思考型的孩子学习新知识需要更长时间，需要拓展学习的广度。他们对于单个知识点的理解足够深入和全面，对思维导图的具体分支进行深入的展开是没有问题的，思考面却不够广泛。

对于思考型的孩子而言，制作思维导图的过程，训练的是孩子全面整合知识的能力。父母需要有意识地引导孩子关注全局，在知识点之间建立更多联系，形成知识网络。这样的梳理能让思考型的孩子更容易跟上老师讲课的节奏。

对思考型的孩子可以使用前文提到的 4F 提问法。提出问题之后，可以让孩子自己先写，写的过程就是孩子自己梳理的过程。写完了再让孩子给父母讲一讲，但千万不要期待孩子一开始就能讲清楚。

不管是哪种特质的孩子，对于思维导图的制作，父母都要有合理的期待。一开始，孩子可能只是把课本的内容简单地用思维导图的方式罗列出来，这个罗列的过程，是培养结构化思维能力、建立框架的开始，最重要的是把这件事情持续做下去。持续做这件事的过程，正是孩子思维发展的过程，一段时间之后，孩子就会越做越熟练，在知识之间建立的联系越来越丰富，思考也会越来越深入和广泛，孩子的能力也会在这个过程中得到提高。

我儿子是思考型的孩子。他从一年级暑假开始用思维导图进行复习，把课本每个单元的内容画一张思维导图（见图 21-1）。一开始，每个分支只是按照课文进行简单的罗列，在每一个分支下面再把老师讲过的生字词罗列出来。

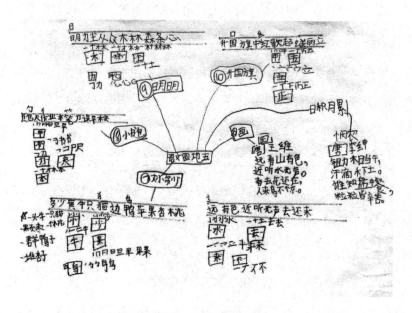

图 21-1 儿子一年级暑假绘制的思维导图

随着语文学习内容的丰富，我会跟他一起进行结构性的梳理，从字、词、句、段、文几个角度逐步进行拓展。比如字包括哪些生字、多音字、形近字；词语有哪些分类、成语等；句子则有不同的修辞手法、用不同的词语进行造句、好词好句的积累等。渐渐地，他自己就会在思维导图中加入一些老师上课讲过的内容，比如某篇文章讲了什么道理，中心句是哪一句等。

悠悠的儿子从一年级开始在数学老师的要求下用思维导图进行单元复习。一开始他也是无从下手，坚持了一年多，到了二年级就已经非常熟练了（见图21-2）。

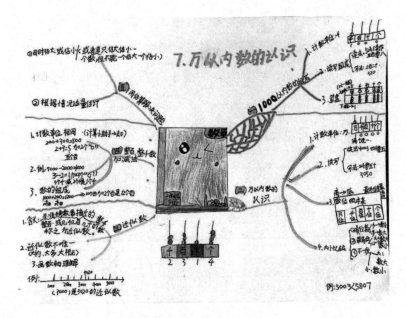

图 21-2　悠悠的儿子二年级绘制的思维导图

在孩子最初没有养成好的习惯，没有产生对学习的认同感时，需要父母多花些心思，找到简单可行的方法，让孩子学会把简单的事情进行精确的重复，在不断重复的过程中发展各项能力，使孩子一步一步感受到自己的成长和进步带来的成就感，进而支持孩子从"要我学"发展为"我要学"甚至"我爱学"。

▶ **自驱小马达：思维导图**

制作思维导图的方法并非千篇一律，可以根据自己的喜好进行。我以儿子制作单元复习的思维导图为例分享其制作流程，供大家参考。

需要准备的材料有：A4纸、铅笔、橡皮、水彩笔，以及放松的状态和充足的思考时间，为了帮助孩子更加专注，可以使用番茄钟。

1. 将A4纸横向摆放，先用铅笔根据制作思维导图的目的确定中心主题，也可以绘制一个与中心主题相关的形象，加深记忆（还可以直接准备专门的绘画本）。

2. 根据中心主题发散，确定分支的数量。这里的分支就是中心主题下的关键信息，每一条分支代表一条关键信息（比如语文单元复习的分支可以是每篇课文的标题，也可以是字、词、句、段、文）。

3. 根据每条分支上的关键信息进行发散，完善和补充内容。如果之前制作了记忆卡片，则可以把记忆卡片进行归纳整理摆放，在知识之间建立联系，最后整理成思维导图。

4. 制作过程中，随着思考的节奏，随时调整分支上的关键信息以及相关内容的归属。

5. 用彩笔把制作完成的思维导图进行美化，每一条分支采用不同的颜色，加深记忆。有了一定基础的高年级孩子，也可以直接用水彩笔制作思维导图。（这一步只是为了思维导图的美观，并非必须做。）

参考文献

[1] [美]劳伦斯·科恩.游戏力[M].李岩,译.北京:军事译文出版社,2011.

[2] [美]劳伦斯·科恩.游戏力Ⅱ[M].李岩,伍娜,高晓静,译.北京:中国人口出版社,2015.

[3] [美]劳伦斯·科恩.游戏力养育[M].刘芳,李凡,译.北京:北京联合出版公司,2020.

[4] [美]威廉·斯蒂克斯鲁德,奈德·约翰逊.自驱型成长[M].叶壮,译.北京:机械工业出版社,2020.

[5] [美]莎法丽·萨巴瑞博士.失控[M].孙璐,译.上海:上海社会科学院出版社,2016.

[6] [美]丹尼尔·西格尔,蒂娜·佩妮·布赖森.去情绪化管教[M].吴蒙琦,译.北京:机械工业出版社,2016.

[7] [美]乔尼丝·韦布,克里斯蒂娜·穆塞洛.被忽视的孩子:如何克服童年的情感忽视[M].王诗溢,李沁芸,译.北京:机械工业出版社,2018.

[8] [英]H.鲁道夫·谢弗.儿童心理学[M].王莉,译.北京:电子工业出版社,2019.

[9] [美]迈克尔·古里安.男孩女孩学习大不同[M].王冰,译.杭州:浙江人民出版社,2018.

[10] [美]迈克尔·古里安,凯茜·史蒂文斯.男孩的学习方式大不同[M].李悦菲,译.天津:天津科学技术出版社,2020.

[11] [美]米哈里·契克森米哈赖.心流[M].张定绮,译.北京:中信出版集团,2017.

[12] [美]简·尼尔森.正面管教[M].王冰,译.北京:京华出版社,2013.

[13] [美]肯尼思·金斯伯格,玛莎·贾布洛.抗挫力[M].胡宝莲,译.海口:南海出版公司,2019.

[14] [美] 阿黛尔·法伯，伊莱恩·玛兹丽施 . 如何说孩子才会听，怎么听孩子才肯说 [M]. 安燕玲，译 . 北京：中央编译出版社，2014.

[15] [美] 史蒂芬·柯维 . 高效能人士的七个习惯 [M]. 高新勇，王亦兵，葛雪蕾，译 . 北京：中国青年出版社，2012.

[16] [澳] 莉·沃特斯 . 优势教养 [M]. 闫丛丛，译 . 北京：中信出版集团，2018.

[17] [美] 朱莉·利斯柯特 – 海姆斯 . 如何让孩子成年又成人 [M]. 彭小华，译 . 成都：四川人民出版社，2011.

[18] [美] 金·约翰·培恩，莉萨·M. 罗斯 . 简单父母经 [M]. 杨雪，张欢，译 . 沈阳：辽宁科学技术出版社，2016.

[19] 张黛眉 . 发现孩子的天生气质 [M]. 北京：中央编译出版社，2016.

[20] 赵周 . 如何培养孩子的自主学习力 [M]. 长沙：湖南教育出版社，2021.

[21] 黄静洁 . 学习的格局 [M]. 北京：中信出版集团，2020.

[22] 葛妈 . 妈妈别焦虑 [M]. 上海：东方出版中心，2020.

[23] [美] 丹尼尔·西格尔，蒂娜·佩恩·布赖森 . 全脑教养法 [M]. 周玥，李硕，译 . 杭州：浙江人民出版社，2013.